쉽게 풀어 쓴 구글 마케팅

구글 마케팅
이론과 실전을
한 번에

구글 애널리틱스를 활용한
디지털 마케팅

GOOGLE DISPLAY ADS | 이태열 저 |

DIGITAL BOOKS
디지털북스

| 만든 사람들 |

기획 IT · CG 기획부 | **진행** 양종엽 · 박소정 | **집필** 이태열 | **책임편집** D.J.I books design studio
표지 디자인 D.J.I books design studio 원은영 | **편집 디자인** 디자인 숲 · 이기숙

| 책 내용 문의 |

도서 내용에 대해 궁금한 사항이 있으시면,
디지털북스 홈페이지의 게시판을 통해서 해결하실 수 있습니다.

디지털북스 홈페이지 : www.digitalbooks.co.kr
디지털북스 페이스북 : www.facebook.com/ithinkbook
디지털북스 카페 : cafe.naver.com/digitalbooks1999
디지털북스 이메일 : djibooks@naver.com
저자 이메일 : leety0830@gmail.com

| 각종 문의 |

영업관련 dji_digitalbooks@naver.com
기획관련 djibooks@naver.com
전화번호 (02) 447-3157~8

디지털 마케팅이 고도화되면서 광고에 대한 효과를 입증하고 개선할 수 있는 방법에 대한 필요성이 커지고 있다. 업계에서는 이와 같은 마케팅 방법을 '퍼포먼스 마케팅'이라는 용어로 통칭한다. 이 책에서는 구글의 마케팅 툴을 활용하여 '어떻게 하면 웹기반 퍼포먼스 마케팅을 잘 할 수 있을지'에 대한 내용을 담았다.

구글은 전 세계적으로 고도화된 디지털 마케팅 툴들을 보유하고 있다. 대표적으로 분석을 위한 구글 애널리틱스, 웹사이트 태그 관리를 위한 구글 태그 매니저, 디지털 광고 집행을 위한 구글 애즈가 현업에서 가장 많이 활용된다. 이 툴들은 퍼포먼스 마케팅을 위해 알아야 할 핵심적인 기능들을 제공한다.

필자는 구글 프리미어 파트너사에 근무하면서 다양한 디지털 캠페인을 운영해 왔다. 그 경험을 토대로, 단순 이론만이 아닌 현업에서 중점적으로 쓰이는 위의 3가지 툴의 사용법 및 운영 노하우를 이 책에 담아냈다.

이 책을 통하여 독자들이 구글 애널리틱스, 태그 매니저, 구글 애즈의 기본 사용법을 이해하고 더 나아가 실제로 업무에 활용할 수 있기를 기대한다. 특히 기업의 마케팅 담당자, 자신의 웹사이트를 직접 운영해야 하는 개인 사업자 등 마케팅 실무자들과 디지털 마케팅을 배우고 싶은 취업 준비생에게 도움이 될 수 있을 것이라 확신한다.

2020년 4월
이태열(leety0830@gmail.com)

구글 디스플레이 광고(구 GDN)는 자사의 상품과 서비스를 알리고 판매하는 데 효과적인 디지털 마케팅 기법입니다. 특히 Google Analytics를 활용한다면 현존하는 가장 고도화된 타겟팅 기법을 사용할 수 있습니다. 우리 홈페이지에 방문한 고객들의 행동패턴을 분석하고, 실데이터를 그대로 끌어와 구글 디스플레이 광고로 타겟팅해 사용할 수 있습니다.

저자 이태열 님은 현업에서 오랜 기간 이론적 학습과 경험적 지식을 쌓아 많은 기업들의 구글 마케팅을 성공적으로 이끌어 왔습니다. 이 책은 구글 마케팅을 배우고자 하는 마케터 분들에게 좋은 길라잡이가 될 것임을 확신합니다.

글링크미디어 **임현재** 대표

마케터가 웹로그 분석 툴에 대한 이해 없이 광고 플랫폼 활용법만 익힌다면 내실없이 쌓은 탑과 다를 바가 없을 것입니다. 광고 플랫폼만을 설명하는 저서는 많이 찾아볼 수 있습니다. 하지만 안타깝게도 퍼포먼스 마케팅의 근간이 되는 분석툴에 대한 설명과 활용법을 제대로 담고 출발하는 경우는 많지 않습니다.

〈구글 애널리틱스를 활용한 디지털 마케팅〉은 그런 측면에서 아주 훌륭한 길을 제시해 줍니다. 저자의 분석 툴 및 광고 플랫폼 실무 경험과 노하우를 이론적으로 설명하고, 실제 사례에 녹여 한 권으로 퍼포먼스 마케팅의 기초와 실전을 모두 담고 있기 때문입니다. 이 책을 접하는 누구든 구글 마케팅 툴 운영과 전략을 효과적으로 세울 수 있을 것으로 기대합니다.

구글코리아 **홍형표** 차장

3-4년 전부터 퍼포먼스 마케팅을 공부하는 사람들이 많아졌습니다. 특히 웹사이트를 가지고 있는 클라이언트들은 GA, GTM을 통한 퍼포먼스 마케팅을 배우려고 시도하신 적이 있으셨을 것 같습니다.

이 책은 웹사이트에 코드를 심는 도움을 주는 GTM부터 광고를 세팅할 수 있는 구글 디스플레이 광고(구 GDN), 마지막으로 오가닉, 광고 유저에 대한 데이터를 깊게 분석할 수 있는 GA(구글 애널리틱스)까지 한 큐에 확인할 수 있습니다. 특히 저자의 다양한 경험을 바탕으로 실무 입장에서 어떻게 세팅하고 분석하는지, 어느 섹션에서 데이터를 볼 수 있는지를 자세하게 설명하였습니다. 따라서 기초 입문자도 이 책을 통해 쉽게 배울 수 있을 것이라 기대합니다.

리메이크 미디어 **윤은영** 이사

마케터라면 한 번쯤 내가 실행한 광고 마케팅이 효과적인지, 어떻게 결과 보고를 해야 할지 막막할 때가 있었을 겁니다. 저 역시 현업 마케터로서 유사한 고민을 했고, 글링크미디어와 구글 마케팅 툴의 도움을 많이 받고 있습니다.

이 책은 디지털 마케팅/광고 운영을 담당하는 마케터들을 위한 가이드북입니다. 대표적인 퍼포먼스 마케팅 툴 구글을 이용해 기초 개념부터 운영, 분석, 실제 사례까지 한 권에 담고 있어, 광고를 직접 집행하거나 대행사를 통해 광고를 운영하는 마케터 모두에게 든든한 길잡이가 되길 기대합니다. 데이터로 원인과 결과를 뒷받침하는 논리력, 대행사와 원활한 커뮤니케이션 능력을 꿈꾸는 마케터들에게 이 책이 그동안의 갈증을 해소하는 데 도움을 주리라 생각됩니다.

알라딘 커뮤니케이션 **김가현** 대리

CONTENTS

참고 사항

본서는 '디지털 마케팅' 중 '퍼포먼스 마케팅'에 초점을 맞추어 기술하였습니다.
'구글 디스플레이 광고(Google Display Ads)'는 '구글 디스플레이 네트워크(통칭
GDN)'의 새로운 이름입니다.

Introduction

   본격적인 이야기를 하기에 앞서 퍼포먼스 마케팅의 정의를 먼저 이야기하고 싶다.
이 책을 편 독자들이라면 이미 퍼포먼스 마케팅이라는 용어를 한 번 이상 들어보았을
것이라 생각된다. 네이버 데이터랩을 통하여 네이버에서의 '퍼포먼스 마케팅'이라는
용어의 검색 추이를 보면, 2016년부터 꾸준히 상승하다가 2019년에는 급기야 최근
트렌디한 키워드 중 하나인 '데이터 분석'이라는 키워드보다 높은 검색량을 보였다.
이만큼 '퍼포먼스 마케팅'은 해를 거듭할수록 많은 관심을 받아오고 있다.

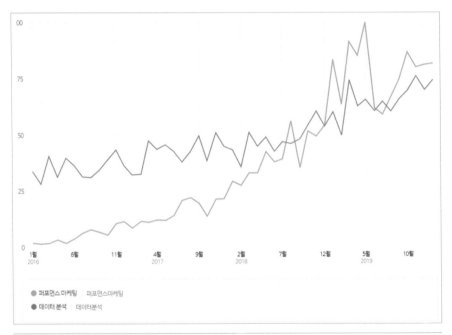

'퍼포먼스 마케팅'과 '데이터 분석' 네이버 검색량 추이 / 출처: 네이버 데이터랩

   그럼 퍼포먼스 마케팅은 무엇일까? 업계에서는 이를 데이터 드리븐(Data-driven)
마케팅이라고도 부른다. 이는 온라인에서 광고를 접하는 첫 순간부터 제품을 구매하
기까지의 모든 과정을 체크하고 개선하는 과정이다. 휴대폰, 노트북, 태블릿과 같은
개인용 디바이스 보급률이 늘어나고, 데이터 추적 기술이 발전하면서 온라인 상에서
의 구매 여정 추적이 가능해졌다. 물론 아직 100% 완전하다고 할 수는 없지만 충분히

구글 애널리틱스를 활용한 디지털 마케팅

데이터 기반 의사결정을 할 수 있을 정도로 기술적 발전을 이루었다. 데이터 추적에 대한 기술이 발전하고 이에 따른 이해도 함께 높아졌다. 따라서 기업들은 고객이 좋아할 것 같은 제품을 고객이 좋아할 것 같은 방식으로 마케팅을 하는 것이 가능해졌다.

이러한 시장의 변화는 마케터들에겐 다소 어려운 상황으로 비춰진다. 데이터가 아무리 중요해졌다고 해도 데이터 전공자들도 쉽지 않은 부분을 알아야만 하니 말이다. 마케터로서 데이터를 완전히 알 수 있다면 좋겠지만 자신의 업무를 하면서 이를 모두 터득하기는 현실적으로 매우 어렵다.

그렇기에 정제된 데이터를 제공하는 마케팅 툴이 무엇인지 파악하고 그 툴들의 사용법을 익히는 것을 대안으로 삼아야 한다. 마케터가 데이터에 접근하는 가장 빠른 방법 중 하나는 데이터를 가공하는 것이 아니라, 가공된 데이터를 이해하고 응용하는 것이다. 전 세계 거의 모든 온라인 마케팅 툴은 비슷한 구조로 움직인다. 이 책에서는 구글에서 개발한 마케팅 툴과 그 기능들을 하나씩 소개하고 각 툴을 연동하여 마케팅에 활용하는 방법까지 함께 알아볼 것이다. 구글 마케팅 툴에 대한 이해를 바탕으로 퍼포먼스 마케팅에 쉽게 다가갈 수 있기를 기대한다.

구글 애널리틱스의 이해

웹 트래픽 분석의 필요성

바야흐로 디지털 광고의 시대가 도래했다. 디지털 광고 기술이 향상되고 이에 따라 다양한 광고 상품이 출시되면서, 디지털 광고의 중요성은 전 세계적으로 꾸준히 강조되어 왔다. 2018년 초에 제일기획이 발표한 자료에 따르면, 집계 이래 최초로 2018년에 디지털 광고비가 TV와 라디오를 합친 방송 관련 광고비를 추월하였는데, 추월한 금액은 약 4,300억원에 이른다.

2018년 총광고비 요약

구분	매체	광고비(억 원)			성장률(%)		구성비(%)	
		2016년	2017년	2018년	2017년	2018년	2017년	2018년
방송	지상파TV	17,312	15,313	14,425	-11.5	-5.8	13.7	12.3
	라디오	3,040	2,777	2,503	-8.7	-9.9	2.5	2.1
	케이블/종편	17,488	18,455	19,632	5.5	6.4	16.5	16.8
	IPTV	846	994	1,163	17.5	17.0	0.9	1.0
	위성, DMB 등 기타	1,814	2,003	1,913	10.4	-4.5	1.8	1.6
	방송 계	40,499	39,542	39,636	-2.4	0.2	35.4	33.9
인쇄	신문	14,938	14,370	14,294	-3.8	-0.5	12.8	12.2
	잡지	3,780	3,437	3,082	-9.1	-10.3	3.1	2.6
	인쇄 계	18,718	17,807	17,376	-4.9	-2.4	15.9	14.8
디지털	PC	16,372	16,245	15,924	-0.8	-2.0	14.5	13.6
	모바일	17,453	22,157	28,011	27.0	26.4	19.8	23.9
	디지털 계	33,825	38,402	43,935	13.5	14.4	34.3	37.5
OOH	옥외	3,512	3,392	3,255	-3.4	-4.0	3.0	2.8
	극장	2,251	2,280	2,213	1.3	-2.9	2.0	1.9
	교통	4,328	4,352	4,874	0.6	12.0	3.9	4.2
	OOH 계	10,091	10,024	10,342	-0.7	3.2	9.0	8.8
제 작		6,425	6,072	5,731	-5.5	-5.6	5.4	4.9
총 계		109,558	111,847	117,020	2.1	4.6	100.0	100.0

* 출처: 제일기획, 2018년 총광고비

2016~2018 매체별 광고비용 / 출처 : 제일기획 블로그

기존 TV나 라디오 같은 일반 방송매체의 경우, 투입되는 광고비 대비 얼마나 많은 사람들이 광고를 보았는지 정확하게 파악하기 어려웠다. 특정 프로그램의 시간대별 시청률을 기반으로 추정할 뿐이었다. 뿐만 아니라 TV 광고의 경우 한 번 광고를 할 때마다 적지 않는 비용이 투입된다. 그렇기 때문에 쉽게 접근할 수 있는 매체로는 보기 어려웠다. 하지만 디지털 광고의 경우 광고에 따른 결과가 1의 자리까지 정확하게 표시된다. 따라서 투입한 비용 대비 얼마나 효과를 얻었는지 바로 확인할 수 있게 되었다. 뿐만 아니라 광고를 진행할 때 드는 최소 집행 비용이 낮아 많은 기업들이 활용하고 있다. 물론 특정 매체들의 경우 일정 수준 이상의 집행 비용을 필요로 하는 경우도 있다. 하지만 대부분의 매체는 기존 지상파 방송 대비 적은 비용으로도 마케팅이 가능하다. 특히 필자가 이야기하고자 하는 구글 광고의 경우, 페이스북 광고처럼 예산과 비용을 자유롭게 설정할 수 있다. 또한 이미 많은 기업들이 활용하고 있는 트렌디한 마케팅 방식이다.

현 시대를 살아가는 대한민국 국민들 중 디지털 광고를 접해보지 않은 분들은 거의 없을 것이다. 인터넷과 모바일에서 무언가를 찾아보다가 검색광고 문안, 배너, 동영상 광고 등 흥미로운 광고를 보고 클릭해본 적이 한 번쯤은 있을 것이다. 광고를 클릭하면 어떻게 되는가? 그 광고를 송출한 기업이 설정한 웹사이트로 이동한다. 이 과정에서 어떤 사람은 광고를 보고 물건을 바로 구입한 경험이 있을 것이다. 반면에 대충 스크롤을 내려 보다가 흥미를 잃고 뒤로 가기 버튼을 눌렀던 적도 있을 것이다.

이러한 상황에서 내가 그 기업의 마케터라면 어떤 것을 해야 할까? 우선 웹페이지에 들어온 사람들 중 어떤 사람이 구입을 했고, 어떤 사람이 웹사이트에 들어왔다가 그냥 나갔는지를 파악해야 할 것이다. 그리고 광고를 누구에게, 어떻게 노출하는 것이 보다 효과적일지 고민해야 할 것이다. 이 고민을 해결하기 위해 필요한 것이 '웹 트래픽 분석'이다. 용어가 조금 복잡하게 느껴질 수도 있겠다. 간단히 풀어서 말하면 온라인에서 우리 웹사이트나 어플리케이션에 들어온 유저들에 대해서 분석하는 것이다.

조금 상세하게 예를 들어보겠다. '여성용 의류 쇼핑몰'을 운영한다고 가정해보자. 쇼핑몰을 운영하면서 매출 상승을 위하여 디지털 광고가 필요하다고 판단하였다. 그래서 광고를 시작하였고, 광고를 통해 유저들이 우리 쇼핑몰에 유입이 되고 있는 상황이다. 이때 웹 트래픽 분석을 하지 않는다면, 광고가 끝난 이후 우리에게 남는 것은 '옷이 조금 더 판매되었다' 외에는 아무것도 없을 것이다. 사이트에 들어왔다가 나간 유저들이 중간에 어떤 행동들을 하였고, 더 나아가 구매를 했던 사람들은 어떤 유형의 사람들이었는지에 대한 파악이 필요하다. 그래야 2차 혹은 3차 마케팅을 할 때, 매출을 발생시킨 유저들의 데이터를 토대로 개선된 마케팅을 할 수 있다. 즉, '웹 트래픽 분석'은 온라인 마케팅의 성과 개선에 핵심 요소이다.

웹 트래픽 분석 도구

그럼 이런 웹 트래픽 분석은 어떻게 할 수 있을까? 웹페이지를 분석을 도와주는 도구들은 굉장히 많다. 필자가 이야기하려고 하는 '구글 애널리틱스' 외에도 페이스북에서 발급을 받을 수 있는 '페이스북 픽셀', NHN에서 운영하는 '에이스 카운터'가 국내에서 많이 활용된다. 그 외에 국내에서 검색광고를 운영하는 기업들이 많이 활용하는 '네이버 애널리틱스', 어도비에서 제공하는 '어도비 애널리틱스' 등 다양한 분석 툴이 존재한다. Web Technology Survey 자료에 따르면 2019년 12월 기준, 전 세계적으로 통계적인 점유율이 조금이라도 나타나는 웹 서비스 툴만 해도 40개가 넘는다. 이들이 제공하는 지표와 그 지표에 대한 기준, 이 데이터를 정제하여 보여주는 리포트에는 각각의 특성이 있다.

제공하는 지표가 다른 이유는 각 분석 툴이 중점적으로 보고자 하는 데이터가 다르기 때문이다. 예를 들어 페이스북은 페이스북을 이용하는 유저에 대한 분석이 핵심이다. 그래서 페이스북의 분석 툴인 페이스북 픽셀에서는 유저의 행동 패턴에 대한 분석에 집중이 되어 있고 키워드에 대해서는 리포트를 제공하지 않는다. 반면 네이버 애널리틱스의 경우, 네이버 내에서 어떤 키워드를 통하여 들어왔는지를 중점적으로 보여준다. 그래서 검색 키워드에 관련해서는 깔끔한 리포트를 제공한다. 하지만 타 분석 툴에 비해 유저 분석에 대한 정보는 관련 지표가 적다.

같은 지표라고 하더라도 분석 툴마다 기준이 다른 경우도 있다. 지표의 기준이 다르다는 의미는 같은 데이터를 측정한다고 해도 그 데이터를 카운팅하는 방법이 다르다는 뜻이다. 예를 들어 구글 애널리틱스에서는 100명이 들어왔다고 집계되는데, 다른 분석 툴에서는 90명이 들어왔다고 집계되는 경우가 있다. 이런 현상이 나타나는 이유는 '유저가 들어왔다'라는 것에 대해 각 툴에서 판단하는 기준이 다르기 때문이다. 유저들의 인터넷 및 디바이스 환경에 따라 분석 툴에서 받아들이는 정보는 미묘하게 달라질 수 있다. 예를 들어 어떤 툴은 유저가 웹사이트 주소를 클릭하는 순간 방문을 하였다고 카운팅하고, 다른 툴은 웹사이트가 모두 로딩이 되어야 방문을 하였다고 인식한다. 그래서 유저들이 똑같은 행동을 보였다고 해도 '분석 툴' 간 통계가 조금씩 달라질 수 있다.

데이터를 집계하는 방식이 다르니, 이를 기반으로 제공되는 리포트도 분석 툴마다 다를 수밖에 없다. 구글 애널리틱스와 네이버 애널리틱스를 비교해보면, 구글 애널리틱스는 네이버 툴에 비해 웹사이트에 어떻게 들어왔는지, 그 안의 행동은 어땠는지 등 폭넓은 데이터를 제공한다. 반면, 네이버 애널리틱스의 경우 리포트의 정보가 상대적으로 풍부하지는 않다. 그 대신 구글 애널리틱스에 비하여 네이버 검색광고, 쇼핑광고 등 네이버와 연계된 유입경로를 통해 직관적으로 보여준다.

네이버 애널리틱스 채널별 유입현황 예시 / 출처 : 네이버 애널리틱스 홈페이지

이렇게 각 툴의 특성이 다르기에, 사용할 웹 분석 툴을 선정하기 위해서는 본인의 비즈니스에 어떤 지표가 중요한지를 명확하게 파악해야 한다. 우리에게 중요한 지표를 가장 명확하게 구현해주는 웹 분석 툴을 우선순위로 선정하여야 한다. 하지만 꼭 한 개의 툴만 선택할 필요는 없다. 다양한 툴을 함께 사용해도 좋다. 다만 너무 많은 툴들을 심게 되면 웹페이지가 불필요하게 무거워질 수 있으니 주의하자.

웹 트래픽 분석 툴마다 데이터를 집계하는 지표가 다르고, 제공하는 리포트의 종류 또한 천차만별이다. 따라서 우리에게 맞는 툴을 선정하는 것이 웹 트래픽 분석의 첫 번째 단추이다.

구글 애널리틱스를 많이 활용하는 이유

구글 애널리틱스는 구글이 제공하는 웹 트래픽 분석 도구이다. 앞서 언급한 Web Technology Survey의 자료를 보면, 전 세계 웹사이트 중 구글 애널리틱스를 사용하는 웹사이트의 점유율은 55.7%이다. 특히 웹 트래픽 분석 툴을 사용하는 사이트들 사이에서의 점유율은 무려 85%가 넘는다.

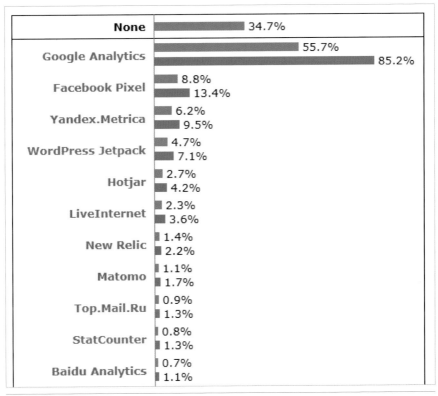

2020년 1월 기준 구글 애널리틱스 점유율 / 출처 : w3techs.com

그렇다면 왜 이렇게 많은 유저들이 구글 애널리틱스를 활용하는 것일까? 가장 큰 이유는 '무료'로 이용할 수 있다는 점이다. GA360이라는 유료 버전도 있으나, 내 웹사이트의 트래픽이 대형 쇼핑몰 사이트처럼 크지 않다면, 무료 버전으로 사용해도 무리가 없다. 많은 웹 분석 도구들이 기간별로 일정 수준의 금액을 지불해야 한다는 점으로 비추어 볼 때, 구글 애널리틱스는 무료로 이용할 수 있다는 것만으로도 충분히 매력적인 툴이다.

두 번째 이유는 손쉽게 데이터를 수집할 수 있다는 점이다. 구글 애널리틱스를 사용하는 방법은 매우 간단하다. 계정을 가입하면 '추적코드'라는 간단한 코드를 발급받게 되는데, 이것을 복사해 웹사이트에 붙여넣으면 된다. 이 작업이 끝나면, 구글 애널리틱스가 자동적으로 데이터를 수집하기 시작한다. 이 데이터는 실시간 리포트에서 바로 확인할 수 있다.

세 번째는 구글 애널리틱스에 대한 많은 정보가 있기 때문이다. 앞서 이야기했듯이 구글 애널리틱스는 전 세계 점유율 1위 분석 툴이다. 그만큼 사용자가 많다는 의미이다. 그래서 온라인 상에는 구글 애널리틱스와 관련된 수많은 질문과 답변이 있고, 간단한 문제들은 이러한 정보들을 토대로 쉽게 해결할 수 있다. 뿐만 아니라 이미 구글 애널리틱스를 익숙하게 사용하고 있는 사용자들의 노하우도 빠르게 습득할 수 있다. 점유율이 높지 않은 다른 마케팅 분석 툴의 경우, 관련 정보가 충분하지 않아 문제를 스스로 해결하기 어려운 경우가 많다. 이에 반해 구글 애널리틱스는 방대한 정보를 바탕으로 자가 스터디를 할 수 있다. 국내뿐만 아니라 해외에서도 많은 구글 애널리틱스 커뮤니티 사이트가 운영되고 있으니 참고하자.

구글 애널리틱스 용어 이해하기

구글 애널리틱스는 웹사이트에 추적코드를 삽입하는 것만으로도 손쉽게 데이터를 수집하고 이를 바탕으로 다양한 마케팅 인사이트를 얻을 수 있도록 하는 웹 분석 도구이다. 더군다나 무료 분석 툴이기 때문에 많은 기업의 마케터 담당자들이 가장 손쉽게 접근할 수 있는 분석 툴 중 하나로 자리잡았다. 지금부터 우리는 구글 애널리틱스가 어떤 정보를 제공하는지, 이를 어떻게 활용하여 디지털 마케팅을 할 수 있을지를 알아볼 것이다. 그럼 먼저 '세션', '사용자', '이탈율' 등 필수적으로 알아야만 하는 구글 애널리틱스 용어들과 각 용어들이 어떤 의미를 가지고 있는지 알아보자.

1) 세션

세션은 구글이 정의하는 유의미한 방문이 시작될 때부터 종료될 때까지 발생한 상호작용의 집합이다. 방문자와 비슷한 의미를 가지고 있는 것은 맞지만 차이가 약간 있다. 유저 수를 표현하는 '방문자'보다는 '방문의 단위'라는 개념에 더 가깝다. 그렇다면 구글이 왜 '세션'이라는 생소한 용어를 활용하게 되었을까? 그 이유는 '유의미한 방문'이라는 지표를 구분하기 위해서이다. 예를 들어 강남에서 옷 가게를 운영한다고 가정해보자. 어떤 고객이 매장에 들어왔는데, 아침부터 저녁까지 물건은 안 사고 옆 매장과 내 매장을 왔다 갔다 하면서 하루 종일 옷만 고르다가 나간다. 여기서 '방문'이라는 것을 규정하기 위한 명확한 기준이 필요할 것이다. 이를테면 손님이 한 명이니 여러 차례 방문을 했다 해도 1명이 방문한 것으로 봐야 하는지, 아니면 내 매장에 들어올 때마다 모두 방문으로 잡아야 하는 것인지 말이다. 온라인 상에서는 이런 상황이 훨씬 비일비재하다. 어떤 물건을 사기 위해서 이 사이트, 저 사이트 비교하면서 어떻게 하면 좋은 것을 싸게 살 수 있을지 고민해본 경험은 누구나 한 번쯤은 있을 것이다. 구글은 유의미한 방문에 대한 의미를 명확하게 하기 위하여 '세션'이라는 개념을 리포트에 적용하였다. 구글 애널리틱스에서 '사용자'라는 개념과 맥락으로 보면 비슷할 수 있으나, 리포트에서 '세션'과 '사용자'라는 지표의 수치적인 차이가 생기는 이유가 이러한 배경 때문이다. 그렇다면 세션은 어떤 기준으로 측정이 되는지 다음 내용을 통하여 살펴보자.

A) 30분

구글은 기본적으로 세션의 사이클을 '30분'으로 정의하였다. 쉽게 말해 30분동안 웹사이트에서 아무런 활동을 하지 않는다면 페이지에서 이탈했다고 간주하는 것이다. 예를 들어 쇼핑몰 사이트에서 한참 쇼핑을 하다가 식사를 하러 급하게 나갔다. 식사를 하고 돌아왔는데 1시간이 흘러있다면, 나는 분명히 웹사이트에 접속한 상태로 다녀왔음에도 불구하고 1시간 전에 접속해 있었던 세션을 이탈로 처리한다. 그래서 식사하러 가기 전에 세션이 하나 기록되고, 이후 다시 웹사이트에서 쇼핑을 재개했다면 세션이 새롭게 시작이 되어 사용자는 1명임에도 불구하고 세션 수는 총 2로 기록이 된다. 구글에서 측정하는 유의미한 활동은 2회가 있었기 때문이다. 이와 같은 이유로 구글 애널리틱스 보고서에서 데이터를 보면 거의 대부분 사용자 수보다 세션 수 수치가 더 크다.

B) 자정

구글 애널리틱스는 매일 '자정'에 모든 접속자들에 대해서 새로운 세션을 발급한다. 가령 우리가 23시에 어떤 온라인 쇼핑몰에 접속하여 아이 쇼핑을 하고 있다고 해보자. 23시에 접속한 순간 세션은 1회로 기록된다. 시간이 흘러 24시가 지나면, 우리가 아무리 활발하게 사이트에서 활동을 한다고 하더라도 기존 세션이 초기화된다. 그러면서 새로운 세션으로 데이터로 집계되어 총 세션은 2회로 보여진다. 이러한 이유로 구글 애널리틱스 상에서 보고 시간대를 설정할 때, 측정하고자 하는 정확한 시간대로 세팅하는 것이 중요하다. 한국 웹사이트임에도 불구하고 실수로 보고시간을 미국 시간대로 잡아버리면, 데이터를 볼 때 시차를 계산해야 될 뿐만 아니라 세션의 초기화 시간까지 달라질 수 있다.

C) 새로운 브라우저와 디바이스(쿠키)

각 디바이스와 브라우저는 고유의 '쿠키'값을 가지고 있다(모바일 기기는 쿠키와 비슷한 개념인 ADID나 IDFA를 사용한다). 웹 분석 툴들은 이 쿠키를 기반으로 데이터를 수집한다. 쿠키란 인터넷 사용자가 어떠한 웹사이트를 방문할 경우, 그 사이트가 사용하고 있는 서버를 통하여 인터넷 사용자의 컴퓨터에 설치되는 작은 기록 정보 파일이다. 특정 사이트에 로그인을 할 때, 비밀번호가 자동완성으로 입력되어 편리하게 로그인이 된 경험이 있을 것이다. 이것이 가능한 이유는 '쿠키'라는 기록 파일 내에 로그인 정보가 저장되었기 때문이다. 로그인을 한 웹사이트에 다시 접속하였을 때, 로그인 정보가 저장된 쿠키를 다시 로딩함으로써 비밀번호가 자동으로 완성되는 것이다. 또한 웹사이트를 재방문할 경우 처음 그 사이트에 접속할 때보다 빠른 속도로 로딩이 된다. 이것 또한 사이트 정보를 미리 저장해둔 쿠키 덕분에 신속하게 사이트의 이미지나 내용이 로딩이 되었기 때문이다. 이런 쿠키의 여러 가지 장점 때문에 많은 서버 및 웹사이트들이 기본값으로 쿠키를 활용한다.

모든 디바이스 및 모든 브라우저는 자신만의 고유한 쿠키를 가지고 있다. 그래서 같은 사람이 동일한 웹사이트에 접속하더라도 새로운 디바이스나 다른 브라우저로 접속을 하면 웹 분석 툴은 다른 사람이 들어온 것으로 인식한다. 이는 구글 애널리틱스에서도 똑같이 적용된다. 조금 더 쉽게 예를 들어 설명해 보겠다. PC를 켜고 인터넷 익스플로러를 통하여 네이버에 로그인을 해보자. 그리고 나서 크롬이나 다른 웹 브라우저를 켜서 네이버를 열면 새롭게 로그인을 해야 하는 것을 알 수 있다. 휴대폰도 마찬가지이다. PC에서 이미 로그인을 했다 하더라도 휴대폰에서 네이버를 열면 다시 로그인을 해야 한다. 동일 인물이더라도 다른 디바이스 혹은 다른 브라우저로 웹 사이트에 접속하게 되면 모두 다른 세션으로 인식된다.

페이스북이나 인스타그램처럼 무조건 로그인을 해야만 이용할 수 있는 플랫폼들도 있다. 이들은 로그인을 한 유저의 계정 정보를 기반으로 데이터를 수집한다. 이처럼 로그인을 베이스로 데이터를 수집하는 몇몇 플랫폼들을 제외하면, 대부분의 웹 분석 툴은 쿠키나 ADID 등 디바이스나 브라우저의 정보를 기반하여 데이터를 분석한다.

페이스북 접속 시 나타나는 화면, 로그인을 하지 않으면 이용할 수 없다.

2) 사용자

사용자는 구글 애널리틱스에서 측정하는 '순 방문자'를 의미한다. 세션에서는 자정이 넘어가거나, 30분 이후 재접속을 하는 경우 등 웹사이트에 방문하는 중이어도 새롭게 세션이 인식되는 경우가 있었다. 이와 달리 '사용자'는 실제로 몇 명이 접속을 하였는지를 보여주는 지표이다. 세션이 2로 기록되더라도 한 명이 접속하였다면 사용자는 1명으로 나타나게 된다. 그래서 구글 애널리틱스에서 사용자와 세션 수를 비교해보면, 사용자의 수가 상대적으로 적다.

	연령 ?	획득		
		사용자 ? ↓	신규 방문자 ?	세션 ?
		6,721 전체 대비 비율(%): 38.80% (17,322)	**5,691** 전체 대비 비율(%): 38.23% (14,885)	**8,211** 전체 대비 비율(%): 39.16% (20,968)
☑	1. 25-34	**3,143** (47.09%)	2,664 (46.81%)	3,883 (47.29%)
☑	2. 35-44	**1,410** (21.13%)	1,196 (21.02%)	1,713 (20.86%)
☑	3. 18-24	**1,311** (19.64%)	1,112 (19.54%)	1,613 (19.64%)
☑	4. 45-54	**504** (7.55%)	434 (7.63%)	625 (7.61%)
☑	5. 55-64	**199** (2.98%)	185 (3.25%)	240 (2.92%)
☑	6. 65+	**107** (1.60%)	100 (1.76%)	137 (1.67%)

구글 애널리틱스 내 사용자 및 세션 데이터

3) 이탈률

'이탈'은 웹사이트에서 한 페이지만 보고 해당 사이트를 빠져나가는 경우를 말한다. 전체 세션 수치가 '100'이라고 할 때, 이 중 50개의 세션이 한 페이지만 보고 우리 사이트를 나가버렸다면 이탈률은 50%로 기록된다. 이탈률은 구글 애널리틱스에서 데이터를 분석할 때 중요한 지표 중 하나이다. 극단적인 예로 이탈률이 100%라면 한 페이지만 보고 모두 이탈했다는 의미이므로, 개선이 필요한 상태라는 것을 쉽게 알 수 있다. 이와 반대로 어떤 조치를 통하여 이탈률 수치가 개선되면 그만큼 우리 웹사이트 내에서 움직이는 유저들의 비중이 커진다는 것을 역으로 증명하는 셈이다. 이로써 긍정적인 상황으로 가고 있음을 파악할 수 있다.

4) 전환

구글 애널리틱스에서 '전환'이란 마케터가 의도한 목표를 사용자가 수행하였을 때 기록되는 지표를 말한다. 마케터가 어떠한 행동을 전환으로 지정하는지에 따라서 그 지표가 의미하는 것도 달라진다. 쇼핑몰의 경우 구매율 증가를 목표로 한다면 '구매완료'를 전환으로 설정할 수 있고, 신규회원 유지를 목표로 한다면 '회원가입'을 주요 전환으로 설정할 수 있다. 병원 같은 경우 상담문의 버튼을 클릭하는 행위가 중요한 포인트가 될 수 있다. 따라서 각 비즈니스마다 중요한 지표가 어떤 것인지 결정하여야 하며, 내부적으로 중요 지표로 결정된 행위가 있으면 이를 구글 애널리틱스에 설정해 놓으면 된다. 구글 애널리틱스에서 전환을 설정하기 위해서는 '목표 설정' 메뉴를 이용해야 한다. 구체적인 세팅 방법은 다음 챕터에서 자세히 설명하겠다.

구글 애널리틱스 활용하기

구글 애널리틱스의 구조 이해

이제 본격적으로 구글 애널리틱스를 어떻게 시작하고, 어떤 관점으로 데이터를 바라볼 것인지에 대해 알아볼 것이다. 우선 구글 애널리틱스의 구조를 이해하여야 한다. 구조를 이해하지 못하면 자칫 데이터가 무분별하게 수집이 되거나, 수집이 되었다고 하더라도 즉각적으로 확인할 수 없는 상황이 발생할 수 있다.

구글 애널리틱스는 조직, 계정, 속성, 보기 순으로 4단계의 계층 구조로 이루어져 있다. 각각 어떤 의미를 가지고 있는지 알아보자.

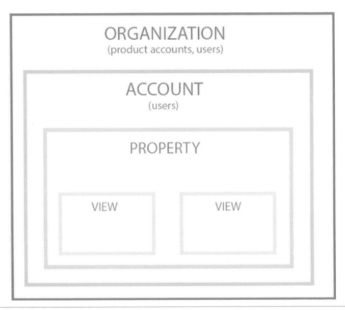

구글 애널리틱스 계층 구조 / 출처 : 구글 애널리틱스 고객센터

1) 조직(Organization)

'조직'은 구글 마케팅 플랫폼 전체에 접근할 수 있는 최상위 계정이다. 구글 로그인 정보만 있다면 디지털 마케팅에서 활용할 다양한 구글 마케팅 도구(구글 애널리틱스, 구글 태그 매니저, 구글 애즈 등)를 통합 관리할 수 있다.

2) 계정(Account)

'계정'은 구글 애널리틱스에서의 최상위 구성 요소이자 엑세스 지점이다. 한 구글 로그인 아이디(조직)에서는 애널리틱스 계정을 최대 100개까지 생성할 수 있다. 애널리틱스에 로그인을 한 후, '계정'에 접속을 하였다면 웹페이지나 어플리케이션을 추적할 '속성'을 생성할 수 있다.

3) 속성(Property)

'속성'은 추적하려는 웹사이트, 모바일 애플리케이션의 데이터가 모이는 공간이다. 애널리틱스 계정 하위에 원하는 구조로 속성을 추가할 수 있다. 또한 계정당 최대 50개의 속성을 생성할 수 있다. 속성을 생성하면 각 속성별로 데이터를 수집에 필요한 '추적코드'가 발급된다(다음 이미지 참조). 추적코드에는 해당 속성의 데이터를 식별하고 보고서로 전송하는 고유 추적 ID가 포함되어 있다. 이 '추적코드'가 홈페이지에 심어져 있어야 웹페이지의 데이터가 구글 애널리틱스로 수집된다. 속성은 추적을 하려는 웹사이트별로 생성하는 것을 권장한다. 예를 들어 운영하는 웹사이트가 3개라면 3개의 속성을 생성하여 각 사이트별로 다른 '추적코드'를 삽입해야 각 사이트별로 데이터를 구별하여 분석할 수 있다.

속성에서 발급되는 추적코드

4) 보기(View)

'보기'는 구글 애널리틱스를 사용하는 사용자가 실제로 데이터를 볼 수 있는 페이지이다. '속성' 단에서 추적이 되는 데이터를 '보기'에서 본다고 이해하자. 한 속성당 최대로 생성할 수 있는 보기 탭은 25개이다. 보통 구글 애널리틱스를 사용할 때 한 속성당 보기 탭을 3개 정도로 생성한다. 그 이유는 속성에서 수집된 데이터를 '보기' 단에서 필터링하고, 필요한 기준별로 보기를 나누어 데이터를 빠르게 확인하기 위해서이다. 예를 들어 모바일을 통해서 유입된 데이터만 나타나는 보기 탭이 필요하거나 구글 광고를 통해서 유입된 유저들의 데이터만 보고자 하는 경우가 있을 수 있다. 이러한 경우에는 추후에 언급할 '필터'라는 기능을 이용하여 원하는 조건을 설정한 보기 탭을 만들면 된다. 주의할 점은 구글 애널리틱스를 설정함에 있어서 우리에게 어떤 데이터가 필요할지를 미리 설계하고 보기 탭을 생성해야 한다는 것이다. 각 보기 내 데이터는 그 보기 탭이 생성된 이후에 유입된 데이터만 나타나기 때문이다. 예를 들어 1월 1일부터 데이터 수집을 시작했는데, 2월 1일에 새로운 보기 탭을 만들었다고 하자. 그러면 해당 보기 탭에는 2월 1일부터 수집된 데이터만 쌓이게 된다. 그리고 보기 탭이 불필요해졌다고 해서 삭제하면 해당 데이터도 함께 지워지니 삭제 여부도 주의 깊게 판단해야 한다.

구글 애널리틱스 세팅 방법

구조에 대해 파악하였으니 이제 구글 애널리틱스 사용 방법을 알아보자. 구글 애널리틱스를 사용할 때 필요한 것은 '구글 로그인 계정'뿐이다. 구글 아이디로 로그인을 하고 구글 애널리틱스에 접속하여 계정을 만든다. 그리고 '속성' 단에서 추적코드를 발급받고 웹사이트에 삽입하면 사용 준비는 끝난다. 이 과정을 지금부터 차근차근 알아볼 것이다.

참고로 기업에서 구글 애널리틱스를 사용하고자 하는 경우, 기업 관리자 또는 유관 마케팅 부서에서 관리하는 공식적인 구글 로그인 계정으로 운영하는 것을 권장한다. 필드에서 보면 간혹 마케팅 담당자가 개인 아이디로 구글 계정을 만들어 구글 애널리틱스를 운영하다가 로그인 정보를 유실하는 경우가 있다. 심지어 퇴사하여 접근이 어려워지는 경우도 심심치 않게 있다. 이런 상황을 미연에 방지하려면 '조직' 차원에서 계정을 관리하면서 마케팅 담당자의 구글 계정으로 접근 권한을 위임하는 식으로 운영하는 것이 좋다.

1) 구글 애널리틱스 세팅

그럼 구글 계정을 생성하였다고 가정하고, 본격적으로 시작하겠다. 구글에 구글 애널리틱스라고 검색하면 다음과 같은 검색 결과가 나온다. 여기에서 가장 위에 나타나는 'Google 애널리틱스'라는 이름의 웹사이트를 클릭한다.

구글 내 구글 애널리틱스 검색 결과

해당 웹 페이지에 접속 후, 생성한 구글 계정으로 로그인을 하자. 그 다음엔 계정 이름을 만들어야 하는데 일반적으로 회사 상호명을 기입하면 된다. 개인적으로 사용하려는 경우라면 본인이 구별할 수 있는 한에서 자유롭게 입력하고 넘어가자.

구글 애널리틱스 계정 만들기

계정 이름 항목 하단에는 4가지 선택지가 보일 것이다. 위의 두 개는 구글 측에서 구글 애널리틱스를 지속적으로 개선하기 위한 데이터 공유 관련 동의이다. 아래의 두 개는 지원 관련 선택지이다. 필자의 경우 계정을 생성할 때마다 모두 체크를 하고 진행한다. 원하는 동의 사항에 체크를 한 후, '다음'을 선택하고 넘어가자.

구글 애널리틱스 내 측정 대상 선택화면

다음으로 넘어가면 웹사이트를 추적할지 어플리케이션을 추적할지 결정하게 된다. 어떤 항목을 선택하는지에 따라 추적코드의 양식이 달라지니, 정확하게 선택하는 것이 좋다. 웹페이지를 추적하기 위해 '웹'을 선택하자.

그러면 바로 '속성'을 설정하는 단계로 넘어온다. 내 웹사이트의 정보를 입력해야 한다. 특히 '보고 시간대'를 반드시 추적하고자 하는 사이트의 국가 시간에 맞춰 설정해야 함을 주의하자.

속성 설정

해당 정보를 바르게 기입 후, '만들기' 버튼을 누르면 서비스 약관의 동의서가 나타나는데 동의가 끝나면 속성의 추적코드가 발급된다.

```
<!-- Global site tag (gtag.js) - Google Analytics -->
<script async src="https://www.googletagmanager.com/gtag/js?id=UA-111083886-2"></script>
<script>
  window.dataLayer = window.dataLayer || [];
  function gtag(){dataLayer.push(arguments);}
  gtag('js', new Date());

  gtag('config', 'UA-111083886-2');
</script>
```

추적코드

추적코드를 발급한 후, 해당 코드를 그대로 복사해 모든 웹페이지의 〈HEAD〉 첫 번째 항목에 붙여 놓으면 바로 구글 애널리틱스가 작동하게 된다. 이 작업은 사이트의 웹마스터 권한이 있는 사람이 수정할 수 있으니, 해당 담당자에게 요청하도록 하자.

추적코드가 웹사이트에 삽입되었다면, '보기' 탭을 수정할 차례이다. 기본적으로 속성 탭까지 세팅을 완료하면 '전체 웹사이트 데이터'라는 보기 탭이 자동으로 생성된다. 이 보기 탭을 통해 모든 구글 애널리틱스 보고서를 볼 수 있다. 그리고 앞서 이야기했듯 각 보기 탭은 생성된 이후부터 데이터를 모으게 된다. 데이터 유실을 막기 위하여 기본으로 생긴 탭은 모든 데이터를 그대로 수집하는 'Raw Data'라는 이름으로 자유롭게 바꾸고 특별한 일이 없다면 건드리지 않도록 하자. 일종의 백업 파일이라고 생각하면 된다. 이것저것 테스트를 해봐야 할 때에는 보기 탭을 새롭게 생성하고 그 보기 탭에서 시험하도록 하자.

보기 탭을 설정하려면, ❶ 구글 애널리틱스 왼쪽 하단에 톱니바퀴 모양의 '관리' 버튼을 클릭 후, 오른쪽에 나타나는 ❷ '보기 설정'을 클릭한다.

구글 애널리틱스 보기 설정

보기 설정을 클릭하면 보기 이름, 웹사이트 URL 등 다양한 옵션을 변경할 수 있다. 여기에 서 ❶ '보기 이름', '표시 시간대', '표시 통화' 모두 자유롭게 변경할 수 있다. ❷ '사이트 검색 설정'은 유저들이 나의 웹페이지 내에서 검색한 키워드가 무엇인지 찾는 기능이다.

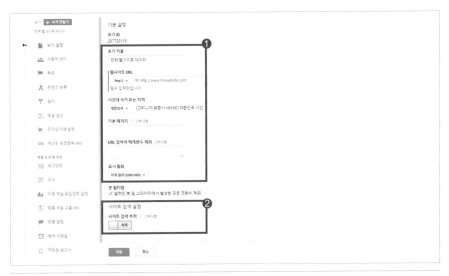

보기 설정

원하는 설정을 하였으면 '저장' 버튼을 클릭한다. 이 단계까지 오면 구글 애널리틱스의 데 이터를 보기 위한 모든 기본 설정을 마친 셈이다.

간혹 추적코드가 제대로 심겨져 있지 않아 구글 애널리틱스에서 데이터가 유입이 되지 않 는 문제가 발생할 수 있다. 이럴 때 추적코드가 사이트에 잘 심어져 있는지 자가진단을 할 수 있는 방법을 소개하겠다.

2) 구글 애널리틱스 세팅 진단

태그 어시스턴트 소개 / 출처 : Google

'구글 태그 어시스턴트'는 사이트 내에서 구글 애널리틱스가 잘 구동하는지를 쉽고 직관적으로 확인할 수 있게 도와주는 크롬의 확장 프로그램이다. 크롬 브라우저를 열고 '태그 어시스턴트'라는 이름의 확장 프로그램을 설치하면 되는데, 설치 방법을 함께 알아보자. 크롬 브라우저로 구글을 열고 'Chrome 웹 스토어'를 검색하거나 아래에 기재한 URL을 입력하면 구글이 제공하는 확장 프로그램 사이트에 접속할 수 있다.

크롬 확장 프로그램 URL: https://chrome.google.com/webstore/category/extensions

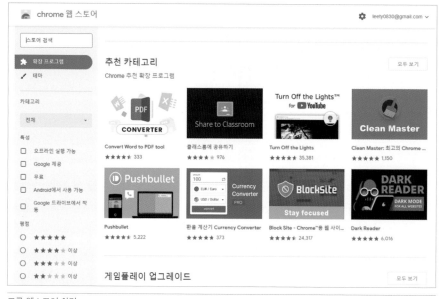

크롬 웹스토어 화면

여기서 'Tag Assistant'를 검색하면 구글에서 제공하는 태그 어시스턴트 확장 프로그램이 바로 검색된다. 이 프로그램 오른쪽 옆에 'Chrome에 추가' 버튼을 눌러보자. 그러면 몇 초의 로딩 시간 후 바로 추가가 되는 것을 볼 수 있다. 크롬 브라우저 URL 입력 창 오른쪽에 작은 태그 어시스턴트 아이콘이 보인다면, 정상적으로 설치가 완료된 것이다.

태그 어시스턴트가 설치된 모습

그럼 이제 구글 애널리틱스가 삽입된 사이트에 접속한다. 사이트 접속 후 URL 입력창 옆의 태그 어시스턴트 아이콘을 누르면 다음과 같은 화면이 나타난다.

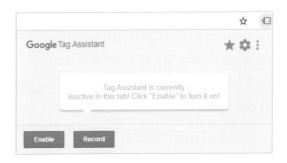

태그 어시스턴트

여기에서 Enable 버튼을 누르고 화면을 새로 고치면(F5) 구글 관련 추적코드들의 구동 여부를 직관적으로 확인할 수 있다. 만약 내가 심은 태그가 보이지 않거나 노란색 혹은 빨간색 아이콘이 나타난다면 설치를 진행하였던 웹마스터에게 문의하자.

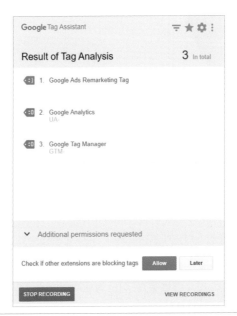

태그 어시스턴트 내 구글 태그 확인

구글 애널리틱스 리포트의 이해

구글 애널리틱스에 관한 기본적인 설정은 모두 마쳤다. 이제 유입되는 데이터가 가지는 의미는 무엇인지 보여주는 '리포트'에 대해서 알아보자. 구글 애널리틱스는 크게 실시간, 잠재고객, 획득, 행동, 전환이라는 5가지 카테고리로 나눠 리포트를 제공한다. 이 리포트는 우리 웹페이지에 접속한 유저들의 인사이트를 비롯하여, 사이트에 관련된 유저의 행동 흐름을 최대한 쉽게 볼 수 있도록 구성되어 있다. 다음 그림을 통해 각각의 리포트가 어떤 의미를 가지는지 알아보자.

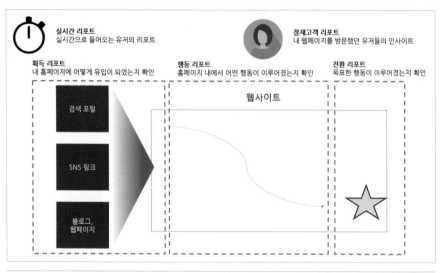

구글 애널리틱스 리포트 종류

1) 실시간 리포트

웹페이지에서 발생하고 있는 상황을 실시간으로 확인할 수 있는 리포트이다. 구글 애널리틱스에 원하는 데이터가 집계되는지 진단하거나, 동시 접속자 수와 같이 현재 접속 중인 유저의 데이터를 즉각적으로 알고 싶을 때 자주 이용된다. 그 외에도 현재 접속 중인 유저에 관한 세부 데이터(접속 위치, 접속 경로 등)도 어느 정도 확인할 수 있다.

2) 잠재고객 리포트

웹페이지에 유입된 유저들에 대해 분석하는 리포트이다. 이를 통해 방문한 유저의 성별, 연령대, 관심분야 등을 한눈에 파악할 수 있다. 또한 신규방문자와 재방문자의 비율 정보도 잠재고객 리포트에서 손쉽게 볼 수 있다. 관심분야 리포트에서는 관심도와 구매의도, 기타 카테고리까지 총 3가지로 구분된다. 이 데이터들은 구글 캠페인 세팅 시 타겟팅의 참고 지표로 활용할 수 있다. 캠페인 진행 시 감으로 설정하는 관심사 타겟팅보다 해당 관심분야 리포트에 나타나는 데이터를 적용하여 타겟팅을 세팅하면 효율 또한 눈에 띄게 개선된다. 구체적인 세팅 방법은 책의 마지막 파트에서 다시 언급하겠다.

잠재고객 리포트를 활용하기 위해서는 구글 애널리틱스 내에서 '데이터 수집' 및 '데이터 보관'을 설정해야 한다. 구글 애널리틱스 내 관리 버튼을 클릭해보자. 가운데에 위치한 '속성' 메뉴에서 ❶ '추적 정보'가 보일 것이다. 이 메뉴를 클릭해보자.

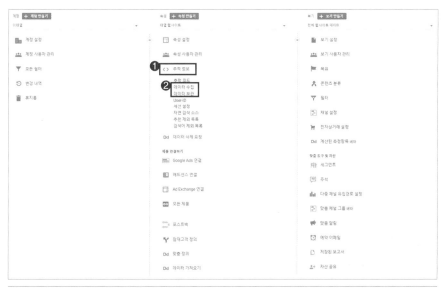

잠재고객 리포트 활성화를 위한 구글 애널리틱스 설정

그러면 여러 세부 메뉴가 나타난다. ❷ '데이터 수집'을 클릭하고 ❸ 리마케팅 및 광고보고서 기능을 모두 On으로 바꾸고 저장을 누른다.

데이터 수집 기능 활성화

이 옵션을 On으로 바꾸고 나서야 유저의 데이터가 구글 애널리틱스에 수집되기 시작된다. 어느 정도 통계치가 나타나면 잠재고객 리포트를 통해 데이터를 확인할 수 있다. 그리고 '데이터 수집' 메뉴 바로 아래 있었던 '데이터 보관'을 클릭해보자. '데이터 보관'은 수집된 데이터를 얼마나 보관할 것인지를 선택하는 옵션이다. 기본적으로 26개월로 세팅이 되는데 원하는 기간으로 세팅하자.

데이터 보관 기간 설정

기간 설정 하단에 '새 활동 발생 시 재설정'이라는 메뉴가 있다. 이것은 유저가 새롭게 웹 페이지에 접속할 때마다 데이터 보관 시작 시점을 최신 접속일로 갱신하는 기능이다. 예를 들어 데이터 보관 기간을 26개월로 설정했지만 사용자가 매달 새 세션을 시작한다고 해보자. 이러한 경우, 사용자의 식별자가 매월 갱신되어 26개월이 지나도 데이터가 삭제되지 않는다. 이 유저에 대한 데이터는 26개월 동안 세 세션을 시작하지 않았을 때 삭제된다.

3) 획득 리포트

웹페이지가 만들어져 있다고 가정해보자. 웹페이지가 활성화되려면 어떠한 경로로든 많은 유저들이 사이트를 인지하고 접속을 해야 할 것이다. 여기서 사이트로 접속하는 방법은 웹페이지 URL을 주소창에 직접 입력하고 들어오는 것, 포털 사이트에서 관련 키워드를 검색하여 방문을 하는 것, SNS나 블로그에 포스팅을 보고 들어오는 것 등 다양한 방법이 있을 것이다. 이 방법에 대해서 분석을 해주는 리포트가 바로 획득 리포트이다. 우리 웹사이트가 유저를 어떻게 '획득'하게 되었는지를 정리해주는 리포트라고 볼 수 있다.

4) 행동 리포트

어떤 경로로 유저가 웹사이트에 접속을 하는지 알 수 있는 리포트가 획득 리포트였다면, 행동 리포트는 이렇게 들어온 유저들이 내 웹사이트에서 어떤 행동을 하는지 알려주는 리포트이다. 하나의 웹사이트는 다양한 페이지들로 구성이 되어 있다. 행동 리포트에서는 각 페이지별 조회수, 머문 시간, 이탈률 등을 체크할 수 있다. 또한 유저 행동 흐름을 파악하여 사이트 구성을 어떻게 하면 개선을 시킬 수 있을지에 대한 정보도 얻을 수 있다.

행동 리포트 내 유저 행동 흐름 데이터

5) 전환 리포트

구매완료, 회원가입 등 목표로 하는 행동이 수행되었을 때 집계되는 지표를 기반으로 제공되는 리포트이다. 어떤 경로를 통하여 접근한 유저의 목표 달성 횟수가 많았는지를 비롯하여, 목표를 달성하게 된 경로를 역추적하여 전환율에 최적화된 웹페이지 구성을 기획할 수 있다. 전자상거래 설정 및 다채널 유입경로 리포트도 전환 리포트 카테고리에서 확인할 수 있다.

세그먼트의 이해와 활용

세그먼트는 데이터를 원하는 기준에 따라 나누어 볼 수 있는 기능이다. 데이터를 볼 때 세그먼트를 어떻게 하느냐에 따라 분석 결과가 완전히 다르게 나타날 수 있다. 따라서 세그먼트는 구글 애널리틱스 뿐만 아니라 모든 분석에 있어서 가장 중요한 요소 중 하나이다.

데이터를 나눈다고 결과가 다르게 나올 수 있다는 것이 바로 이해가 안될 수도 있다. 이해를 돕기 위해 예를 하나 들어보겠다. 한 기업의 디지털 광고를 집행하는 담당자가 있다. 매체 A와 매체 B 중에서 구매율이 높은 매체에 광고를 집행해야 하는 상황이다. 다음과 같이 전체 데이터로 보았을 시, 어떤 매체에 광고를 실어야 할까?

매체별 구매율 데이터			
구분	광고 노출 수	구매수	구매율
매체 A	1,000	300	30%
매체 B	1,000	400	40%

매체별 구매율 데이터 예시1

100명 중 100명이 당연히 매체 B를 선택할 것이다. 하지만 데이터를 다음과 같이 쪼개어 보면 상황이 완전히 달라진다.

'배너 광고'를 통한 구매율				'동영상 광고'를 통한 구매율			
구분	광고 노출 수	구매수	구매율	구분	광고 노출 수	구매수	구매율
매체 A	300	200	67%	매체 A	700	100	14%
매체 B	600	350	58%	매체 B	400	50	13%

매체별 구매율 데이터 예시2

'배너 광고'와 '동영상 광고'로 데이터를 구분해보았다. 이렇게 보니 '매체 B'가 아니라 '매체 A'를 선택하는 것이 담당자로서 당연하지 않을까? 이처럼 데이터는 전체로 묶어서 보면 의사결정에 큰 오류를 범할 수 있다. 신규 사용자와 재방문자, PC와 모바일, 기간에 따른 세그먼트 등 데이터의 의미를 파악하는 데 영향을 줄 수 있는 변수들은 세부적으로 구분하여 확인해야 한다.

구글 애널리틱스에서 제공하는 세그먼트는 크게 '시스템 세그먼트'와 '맞춤 세그먼트'로 나뉜다. 시스템 세그먼트는 구글 애널리틱스에서 기본적으로 제공하는 세그먼트로, 가장 사용 빈도가 높은 22개의 목록들이 리스트업 되어 있다. '맞춤 세그먼트'는 말 그대로 내가 원하는 조건 값을 넣어서 구별하고자 할 때 사용하는 세그먼트이다. 그럼 본격적으로 각각의 세그먼트를 어떻게 활용할 수 있는지 알아보자.

구글 애널리틱스에서 데이터를 만져 보기 위해서는 이미 데이터가 수집되고 있는 계정을 이용하는 것이 좋다. 기존에 데이터를 가지고 있는 마케터는 상관이 없겠지만, 구글 애널리틱스를 처음 이용해보는 마케터들은 데이터가 있는 구글 애널리틱스 계정을 보유하는 것 자체가 큰 허들일 수 있다. 전 세계에 이렇게 데이터를 아직 보유하지 못한 사람들은 얼마나 많을까? 그래서 구글은 애널리틱스를 직접 체험해 볼 수 있도록 자신들이 분석하고 있는 웹사이트의 애널리틱스 계정에 접근 권한을 열어 두었다. 구글 아이디로 로그인을 하고 다음의 URL로 접속하면 구글 데모 계정에 바로 접속할 수 있다.

데모 계정 URL : https://analytics.google.com/analytics/web/demoAccount

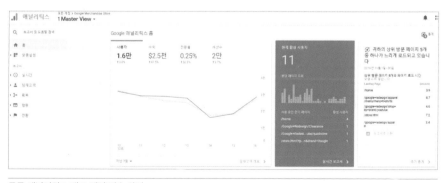

구글 애널리틱스 데모 계정 접속 화면

이 데모 계정은 Google Merchandise Store 사이트의 데이터를 추적한다(사이트 URL: https://shop.googlemerchandisestore.com/). 사이트에 접속하여 웹페이지에서 여기저기 서칭을 하다 보면, 내가 사이트에서 움직이는 행위가 구글 애널리틱스 실시간 리포트에 잡히는 것을 볼 수 있다.

충분한 데이터가 있는 애널리틱스에 접속을 하였으니, 여기에서 데이터들을 세그먼트 하는 법을 알아보자. 데모 계정에 접속한 후 '잠재고객 → 개요'를 클릭하자.

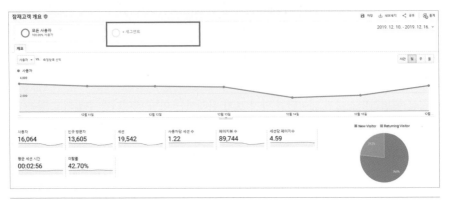

잠재고객 개요 리포트_세그먼트 적용

이 화면에서 왼쪽 상단에 있는 '모든 사용자'가 현재 보이는 리포트에 적용이 되어 있는 세그먼트이다. 새로운 세그먼트를 적용하기 위하여 옆에 있는 '+세그먼트' 버튼을 누르자.

세그먼트 메뉴

여기에서 기본으로 선택되어 있던 '모든 사용자'를 체크 해제하고 '모바일 트래픽' 세그먼트와 '태블릿 및 데스크톱 트래픽' 세그먼트를 선택해보자. 그리고 적용을 누르면 기존에 '모든 사용자'로 통합된 데이터가 해당 세그먼트들로 구분되어 보여진다.

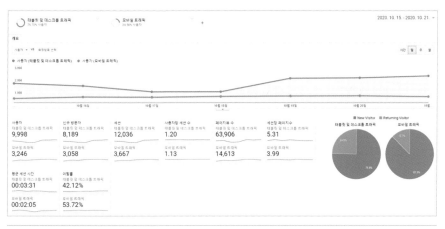

잠재고객 개요 리포트_세그먼트 적용 후

이와 같이 세그먼트를 이용하면, 자연 키워드와 유료 트래픽을 비교할 수 있다. 또한 신규사용자와 재사용자 등 각 카테고리별로 유저를 나누어 데이터를 구별할 수 있다. 이렇게 추가 세그먼트 버튼을 눌러 나타나는 선택지들이 구글 애널리틱스의 시스템 세그먼트이다.

그럼 구글이 기본적으로 제공하는 시스템 세그먼트 외에 내가 원하는 조건을 입력하여 만드는 '맞춤 세그먼트'를 생성하는 방법을 알아보자. 맞춤 세그먼트는 '+세그먼트' 버튼을 클릭한 후 '새 세그먼트' 버튼을 클릭하여 만들 수 있다.

맞춤 세그먼트 생성 1

여기에서는 인구통계, 기술, 행동, 트래픽 소스 등 다양한 조건으로 세그먼트를 생성하여 데이터를 구분할 수 있다. 이 중 '트래픽 소스'는 마케팅 성과를 파악하는 데 유용한 세그먼트이다. '트래픽 소스' 조건을 활용하면 매체별 광고 성과 측정뿐만 아니라, 디지털 캠페인의 운영방식도 개선할 수 있다. 자세한 활용 방법은 파트 2에 나올 구글 애즈까지 이야기하고 나서 통합적으로 설명하겠다. 각 조건 값의 의미와 활용에 대해서도 마케팅 파트를 다루면서 함께 안내하겠다.

필터의 이해와 활용

필터는 구글 애널리틱스에 들어오는 데이터를 세팅한 기준에 맞게 정제하여 원하는 데이터만을 보여주는 기능이다. 필터를 사용하면 특정 조건에 맞춰 유입되는 데이터를 전체 데이터에서 제외할 수도 있고, 반대로 그 데이터만을 보여줄 수도 있다.

필터와 세그먼트는 내가 원하는 데이터만을 보여준다는 점에서 비슷한 개념으로 보인다. 하지만 본질적으로 큰 차이가 있다. 세그먼트는 기존에 수집된 데이터를 특정 조건에 맞게 분리하여 볼 수 있는 기능이다. 그래서 언제 어느 때든 얼마든지 내가 원하는 데이터를 조건에 맞게 쪼개어 볼 수 있다. 하지만 필터는 데이터 자체를 '보기' 탭에서 설정한 조건에 맞게 변형시켜 수집을 한다. 그렇기 때문에 내가 어떤 필터를 세팅을 하였다면 그때부터 구글 애널리틱스에서 유입되는 데이터들 중 세팅한 필터의 조건에 맞는 데이터만을 수집하게 된다. 다시 말해, 세그먼트는 수집된 모든 데이터에서 원하는 부분만 분리하여 볼 수 있는 기능이고, 필터는 조건에 맞는 데이터만을 수집하는 기능이다.

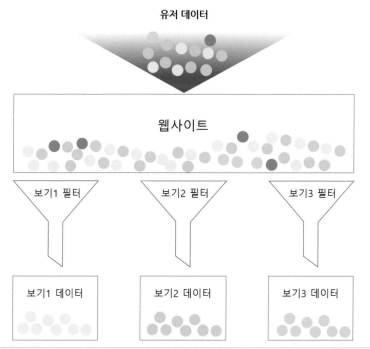

필터의 구조

필터를 효과적으로 활용을 하려면, 내가 원하는 조건마다 '보기' 탭으로 구분하여 데이터를 수집하여야 한다. 만약 전체 데이터, 한국 유입 데이터, 해외 유입 데이터를 자주 확인해야 한다면, 보기 탭을 3개 만들고 각 보기마다 원하는 필터를 하나씩 적용하면 된다. 이렇게 조건별로 보기 탭을 구분하면 원하는 데이터를 탭을 이동하면서 빠르게 파악할 수 있다. 그럼 보기 탭을 만드는 방법과 각 보기 탭마다 필터를 적용하는 방법을 알아보자.

이전과 같이 왼쪽 하단 톱니바퀴 모양의 ❶ '관리' 버튼을 누른다. 여기에서 오른쪽 상단에 위치한 ❷ '보기 만들기'를 클릭한다.

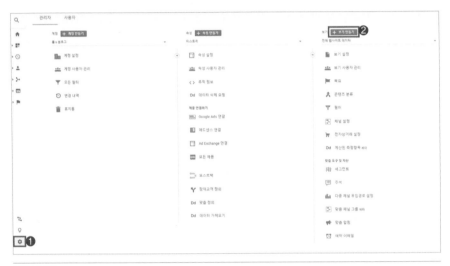

보기 만들기

보기 만들기를 클릭하면 이름과 보고 시간을 설정할 수 있다. 직관적으로 구분할 수 있도록 원하는 보기 이름을 입력하고 보기 시간대를 설정하자.

새 보고서 속성 보기

새 보고서 속성 보기를 만들어 추적 ID로 수집한 모든 데이터를 필터링하지 않고 표시합니다.

추적한 데이터 중 특정 데이터만 이 보고서 속성 보기에서 확인하려는 경우, 하나 이상의 속성 보기 필터를 만들어 데이터에 적용해야 합니다.

이 보기에서 추적할 데이터 선택

| 웹사이트 | 모바일 앱 |

내 보기 설정

보고서 속성 보기 이름

새 보고서 속성 보기

보고 시간대

미국 ▾ (그리니치 표준시 -08:00) 로스앤젤레스 시간 ▾

이 속성은 보기가 2개입니다. 최대 25개입니다.

보기 만들기   취소

보기 이름과 보기 시간대 설정

여기까지 작업이 끝나면, 다음과 같이 '속성 보기' 부분에 새로운 보기 탭이 생성된 것을 확인할 수 있다. 그럼 이렇게 만들어진 보기에 필터를 적용하는 방법을 알아보자.

| 전체 | 즐겨찾기 | 최근 | | 🔍 검색 | Platform 홈 방문 |

모든 계정

| 애널리틱스 계정 | 속성 및 앱 | 속성 보기 |

테스트용 웹사이트 >

전자상거래 보기
200321912 ☆

Master View
199504556 ☆

Raw View
198808989 ☆

Test View
199542477 ☆

생성된 보기 탭 확인

생성한 보기 탭 중 원하는 보기를 클릭한다. 그리고 왼쪽 하단 ❶ '관리' 버튼을 클릭한 다음, 보기 부분에 위치한 ❷ '필터'를 클릭하자. 필터 생성 실습에서는 필터 기능에서 가장 많이 사용하는 '사내 IP 제거', '요청 URI 소문자 적용'을 세팅하는 방법을 함께 알아볼 것이다.

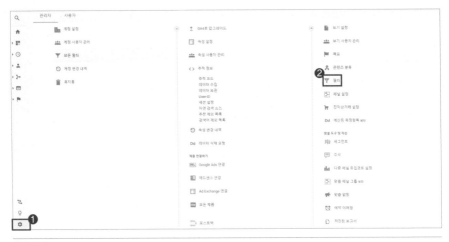

필터 생성

1) 사내 IP 제거 필터

사내 IP를 제거하는 이유는 데이터에 내부 직원의 데이터가 들어가면 순수한 유저의 행동 패턴을 읽는 데 제한이 있기 때문이다. 예를 들어 쇼핑몰을 운영한다고 해보자. 그 쇼핑몰에는 쇼핑객들 외에도 내부 직원들이 업무적으로 자사 쇼핑몰에 접속해야만 하는 경우가 많을 것이다. 이럴 경우 직원들의 트래픽 데이터를 제거해야만 고객들의 데이터만 온전히 수집할 수 있다. 지금부터 '특정 IP주소를 제외하는 필터'를 생성해보자. 우선 필터의 기능을 직관적으로 표현하기 위하여 필터명을 '사내 IP 필터링'이라고 입력한다. 필터 유형은 '사전 정의됨'으로 설정하고 다음 이미지와 같이 '제외', '해당 IP주소에서 유입된 트래픽', '일치' 순서대로 세팅한다.

특정 IP 제외 필터링

그다음 'IP 주소' 입력란에 제외하고자 하는 IP를 입력하고 저장을 누르면 된다. Findip.kr 웹사이트(http://www.findip.kr/)에 접속하면 내가 접속되어 있는 인터넷의 IP를 쉽게 확인할 수 있다.

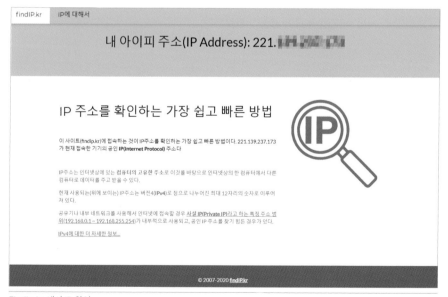

Findip.kr 에서 IP 확인

IP 주소를 확인 후 필터란에 입력하고 저장 버튼을 누른다. 그리고 구글 애널리틱스의 실시간 리포트를 보면, 해당 IP를 통하여 들어오는 웹사이트 데이터는 집계에서 제외되는 것을 확인할 수 있다. 이 방법 외에 '맞춤' 버튼을 클릭하면, 정규식을 활용하여 원하는 데이터 필터를 만들 수 있다.

2) URL 소문자 적용 필터

다음은 구글 애널리틱스 상에서 집계되는 웹사이트의 URL을 소문자로 통일하는 필터를 만들어 보자. 구글 애널리틱스는 유저의 행동 패턴 데이터를 파악할 때 현재 페이지에서 뒤에 어떤 페이지로 이동하였는지, 즉 페이지의 이동 경로로 유저의 흐름을 파악한다. 그런데 기술적인 이슈로 주소를 구성하는 URL의 알파벳 중 하나가 가끔씩 대문자로 인식이 되면서, 같은 사이트임에도 불구하고 다른 페이지를 보고 있다고 집계되는 경우가 있다. 이러한 문제는 '소문자 적용 필터'를 적용함으로써 간단히 해결할 수 있다.

소문자로 통일하는 필터를 만들기 위해서 이전과 같이 필터 만들기로 들어간다. 필터의 이름은 임의로 'URL 소문자 적용 필터'라고 명명하고 필터 유형은 '맞춤'으로 세팅한다. 맞춤에서 나타나는 6개 선택지 중, '소문자'를 선택하고 필드 선택은 '요청 URI'로 적용한다. 그리고 하단에 '저장' 버튼을 누르면 세팅이 완료된다.

보기에 필터 추가

다음 중 보기에 필터를 적용할 방법을 선택합니다.

● 새 필터 만들기
○ 기존 필터 적용

필터 정보

필터 이름

소문자 적용

필터 유형

사전 정의됨 | 맞춤

○ 제외
○ 포함
● 소문자
    필터 입력란
    요청 URI ▼
○ 대문자
○ 찾기 및 바꾸기
○ 고급

▸ ⑦ 필터 도움말: 소문자 > 요청 URI

필터 확인 ⁄

이 필터 확인 지난 7일 동안의 트래픽을 기준으로 이 필터가 최신 조회수 데이터에 어떤 영향을 미칠지 확인합니다.

저장   취소

요청 URI 소문자 적용

    URI와 URL은 비슷하면서도 살짝 다르다. URL은 우리가 흔히 아는 웹사이트의 전체 주소를 의미한다. 웹사이트의 URL이 www.glinkmedia.co.kr이라고 가정해보자. 웹사이트에 접속하여 상품 페이지나 문의 페이지에 들어가면 메인 URL 뒤에 부가 주소가 붙는다. 그러면서 www.glinkmedia.co.kr/product 또는 www.glinkmedia.co.kr/support와 같이 URL의 길이가 길어지게 된다. 여기에서 /product, /support 부분을 URI라고 한다. 구글 애널리틱스에서는 웹사이트 데이터를 집계할 때, 메인 도메인을 제외한 URI만으로 데이터를 보여준다.

방문 페이지 ?		획득		
		세션 ? ↓	새로운 세션 % ?	신규 방문자 ?
		14,417 전체 대비 비율(%): 100.00% (14,417)	72.59% 평균 조회: 72.52% (0.11%)	10,466 전체 대비 비율(%): 100.11% (10,455)
1.	/home	8,548 (59.29%)	75.82%	6,481 (61.92%)
2.	/google+redesign/shop+by+brand/youtube	1,012 (7.02%)	87.55%	886 (8.47%)
3.	/google+redesign/apparel/mens/mens+t+shirts	520 (3.61%)	86.73%	451 (4.31%)
4.	/google+redesign/apparel	477 (3.31%)	71.07%	339 (3.24%)
5.	/store.html	470 (3.26%)	65.74%	309 (2.95%)
6.	/google+redesign/new	312 (2.16%)	62.50%	195 (1.86%)
7.	/google+redesign/apparel/mens	291 (2.02%)	67.35%	196 (1.87%)
8.	/basket.html	228 (1.58%)	36.84%	84 (0.80%)
9.	/signin.html	175 (1.21%)	44.00%	77 (0.74%)
10.	/store-policies/frequently-asked-questions/home	119 (0.83%)	79.83%	95 (0.91%)

구글 애널리틱스 내 방문 페이지 데이터

3) 봇 필터링

'보기 설정'에 들어가면 '봇 필터링' 기능을 세팅할 수 있다. 온라인 상에는 다양한 스팸용 봇이 존재한다. 이 봇들의 데이터를 트래픽에서 제외해야 순수한 유저의 데이터만 수집할 수 있다. 봇 데이터만 하더라도 전체 데이터의 '5~10%'를 차지하니 꼭 필터링하도록 하자. 세팅하는 법은 간단하다. '보기 설정'에서 중간에 위치한 '봇 필터링' 체크 박스에 체크만 하면 된다.

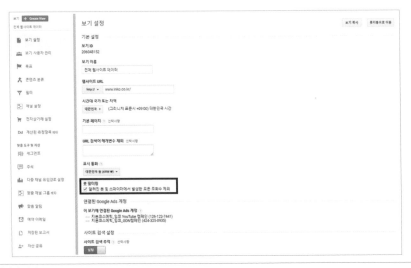

봇 필터링 설정

구글 애널리틱스 이벤트 설정

구글 애널리틱스의 이벤트 기능은 구글 디스플레이 광고를 활용한 퍼포먼스 마케팅에서 알아야 할 중요한 개념 중 하나이다. 이벤트라는 단어는 일반적으로 '행사'로 번역해 활용하는데, 구글 애널리틱스에서는 약간 다른 의미를 갖는다. 이벤트는 구글 애널리틱스를 통하여 웹페이지로부터 수집되는 유저의 다양한 활동들 중 '의미 있는 행동'을 말한다. 여기에서 의미 있는 행동이란 무엇일까? 다음의 웹사이트 흐름도(Flowchart)를 함께 보자. 웹사이트에 접속을 한 순간부터 유저들은 한 웹사이트 안에서 다양한 행동 패턴을 보일 수 있다. News 페이지로 이동할 수도, Product 페이지로 이동할 수도 있다. 그리고 Product 페이지 안에서 스크롤을 내려 장바구니 버튼을 클릭하거나, 머무르다가 그냥 이탈할 수도 있을 것이다.

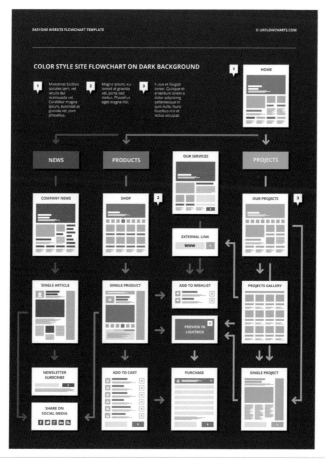

웹사이트 흐름 예시 / 출처 : prototypr.io

이러한 상황에서 '의미 있는 행동'은 웹페이지에서 나타날 수 있는 수많은 행동들 중, 본인이 생각했을 때 중요하다고 생각이 되는 행위이다. 이벤트 설정은 의미 있는 행동이라고 규정된 행위가 발생한 순간을 데이터로 집계하겠다는 것을 뜻한다. 여기에는 특정 버튼 값 클릭, 동영상 재생, 마우스 스크롤 등이 있을 수 있다. 이벤트 값을 세팅하기 위해서는 따로 태그 작업이 필요한 경우도 있다. 하지만 구글 애널리틱스 툴 안에서는 이 작업이 되지 않는다. 그래서 추가적인 작업이 별도로 필요하다. 처음 이벤트를 세팅하기 전에 어떤 수치가 우리에게 중요한 의미가 있는지를 내부적으로 규정해야 한다. 그렇지 않으면 불필요한 이벤트 데이터를 수집하느라 시간을 낭비할 수 있고 방대한 정보를 수집하면서도 정작 필요한 정보는 놓칠 수 있다. 중요한 정보를 규정한 후에는 그 지표들을 어떤 이벤트로 구분하고 어떻게 데이터로 집계할 것인지에 대한 기획이 뒤따라야 한다.

그럼 이벤트가 어떻게 구성되어 있는지부터 알아보자. 이벤트는 카테고리, 액션, 라벨, 값이라는 4가지 요소로 이루어져 있다. 이 중 카테고리와 액션은 필수적으로 입력되어야 한다. 각각의 요소는 구글에서 권장하는 입력 방식이 있는데 어떻게 구성을 하면 될지 쉽게 풀어 설명하겠다.

1) 카테고리 (필수 입력)

분석할 데이터를 구분하는 가장 큰 단위이다. 일반적으로 구분하고자 하는 관련 요소와 동일한 이름을 사용하게 된다. 예를 들어 웹페이지에 들어간 동영상의 재생 수를 집계해야 한다고 해보자. 이러한 경우, 카테고리는 '동영상'이라는 상위 개념으로 구분하면 된다. 만약 웹사이트에 영상이 여러 개 있는 상황이고 구글 애널리틱스 상에서 어떤 영상이 재생되는지 보기 위해서는 '동영상_메인페이지', '동영상_상세페이지'와 같이 구분할 수 있을 것이다.

2) 액션 (필수 입력)

액션에는 내가 구분한 카테고리 값에 대해서 이루어진 '행동(액션)'을 기재하면 된다. 동영상을 예로 들어보면 영상에 대해 재생, 중지, 일시중지를 할 수 있을 것이다. 이런 직관적인 액션 값을 직접 입력하면 된다. 만약 특정 버튼 클릭을 이벤트로 잡고자 한다면 액션은 '클릭'으로 입력하는 것이 일반적이다.

3) 라벨 (선택 사항)

라벨은 분석할 이벤트에 대한 추가 정보를 제공하는 기능이다. 예를 들어 회사소개서를 다운받는 유저들의 수를 집계하고자 하는데, 구글 애널리틱스를 통해 구체적으로 어떤 파일을 다운로드 받는지 세부적으로 확인하고자 할 때 활용할 수 있다.

예시 1)

- 카테고리 : 회사소개서

- 액션 : 다운로드

- 라벨 : 2020년 1월 업데이트 버전

예시 2)

- 카테고리 : 동영상

- 액션 : 재생

- 라벨 : 제품 사용 후기 영상

4) 값 (선택 사항)

설정한 이벤트에 대한 금전적인 가치를 부여하고자 할 때 적용한다. 숫자, 변수 등으로 정의할 수 있으며 외부에서 정의된 변수 값을 가져와서 활용할 수 있다. 특정 상품을 구입하는 것을 이벤트로 설정한다고 가정할 때, 제품의 가격을 이벤트 값으로 넣을 수 있다.

구성은 이해했는데 정작 이벤트는 어떻게 세팅할 수 있을까? 앞서 잠깐 언급하였듯 이벤트는 구글 애널리틱스 설정 상에서 세팅할 수 없다. 그래서 구글에서 제공하는 이벤트 스크립트를 활용하여 홈페이지에 직접 삽입해야 한다. 이벤트 스크립트가 어떻게 생겼는지는 다음 이미지로 확인해보자.

```
gtag('event', <action>, {
  'event_category': <category>,
  'event_label': <label>,
  'value': <value>
});
```

언뜻 보기에는 복잡해 보일 수 있으나 전혀 어렵지 않다. 영어로 써 있는 대로 액션, 카테고리, 라벨, 값을 내가 앞에서 정의한 글자로 치환하여 웹페이지 개발자에게 전달하면 된다. 예를 들어 앞에 예시1을 저 코드에 적용한다면 다음과 같다.

```
gtag('event', <다운로드>, {
  'event_category': <회사소개서>,
  'event_label': <2020년 1월 업데이트 버전>,
});
```

필수 사항은 카테고리와 액션이므로 라벨이나 값의 경우 설정할 필요가 없다고 판단되면 과감하게 지우면 된다. 웹페이지 개발자와 커뮤니케이션 해야 할 경우에는 해당 코드를 전송하면서 이 이벤트가 회사 소개서 다운로드 버튼을 눌렀을 때 작동하게 해달라고 요청하면 된다. 참고로 구글 이벤트 값 삽입 방법은 developers.google.com 에서 보다 상세한 가이드를 받을 수 있다.

구글 태그 매니저를 활용하면 이와 같은 커뮤니케이션 없이 마케터가 직접 이벤트 값을 삽입할 수 있다. 사용 방법은 구글 애널리틱스 챕터가 끝난 이후에 자세히 알아볼 것이다. 그럼 마지막으로 구글 애널리틱스의 '목표' 값에 대해 알아보자.

구글 애널리틱스 목표 설정

목표는 웹사이트 또는 앱에서 내가 목표하는 유저의 행동이 얼마나 달성하였는지를 확인할 수 있는 지표이다. 이벤트와 비슷한 의미로 이해하면 된다. 목표는 우리가 웹사이트에서 세팅한 수많은 이벤트 중에 구매, 신규 회원가입 등 비즈니스에서 핵심적으로 중요하게 보는 지표를 '목표'라는 이름으로 따로 구분해 놓는 것이다. 세팅한 이벤트를 이용하는 것 외에도 도착, 기간, 세션당 페이지 수 등 구글 애널리틱스에서 제공하는 측정 유형을 활용하여 최대 20개까지 세팅해 놓을 수 있다.

목표는 구글 애널리틱스 내 '보기' 단계에서 세팅이 되며 크게 보면 다음의 4가지 유형으로 이루어진다.

1) 도착

특정 랜딩 페이지에 도착한 것을 카운팅할 수 있다. 예를 들어 구매를 완료하면 구매가 완료되었다는 화면이 나타나는데, 이 페이지를 '구매완료'라는 목표로 설정하면 해당 페이지가 뜰 때마다 구매 완료로 데이터를 집계할 수 있다.

2) 기간

페이지 내 체류시간을 기준으로 목표를 집계하는 방법이다. 온라인 교육 업체가 운영하는 웹사이트에서는 페이지에서 얼마나 머무르면서 콘텐츠를 소비하는지가 중요한 지표 중 하나이다. 목표하는 웹사이트 내 체류시간을 교육 콘텐츠 시간으로 맞추어 구글 애널리틱스 상에서 유저들이 콘텐츠를 얼마나 집중적으로 보는지를 확인할 수 있다.

3) 세션당 페이지수/조회 화면 수

웹사이트 들어온 유저가 목표한 페이지 수를 보았는지를 측정하는 지표이다. 신규 온라인 쇼핑몰에서 많이 활용하는 목표 항목이다. 온라인 쇼핑몰에서는 궁극적으로 구매가 가장 중요할 것이다. 하지만 신규 온라인몰에서는 바로 원하는 만큼의 구매가 나타나기는 어렵다. 그래서 구매완료만을 목표로 잡고 있으면, 수집되는 데이터 양이 적어 최적화하는 데 난항을 겪기 쉽다. 그래서 세션당 페이지 수를 목표로 설정하여 이에 대한 전환율을 개선하고 홈페이지가 어느 정도 활성화가 되었을 때 구매를 목표로 하여 최적화를 진행한다.

4) 이벤트

앞서 설정한 이벤트들 중 중요한 이벤트들을 따로 표시하는 책갈피로 이해하면 된다. 예를 들어 이벤트를 10개 세팅하였다고 할 때, 이 중 중요한 2개를 '목표'값으로 규정할 수 있다.

'목표'는 파트 2에서 다루게 될 '구글 애즈'에서도 중요한 요소로 활용된다. 구글 애널리틱스의 목표는 구글 애즈에서 '전환'이라는 지표로 집계된다. 이는 광고의 최적화에도 큰 역할을 하기 때문에 구글 퍼포먼스 마케팅 측면에서도 꼭 알아야 하는 개념이다.

그럼 구글 애널리틱스에서 목표를 어떻게 세팅할 수 있는지 알아보자. 목표를 세팅하기 위해서는 우선 구글 애널리틱스의 관리 버튼을 누른 후 '보기' 탭으로 접근해야 한다.

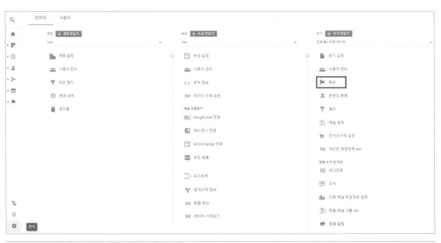

구글 애널리틱스 목표 설정 1

목표 메뉴를 클릭해서 들어가면 아직 세팅한 것이 없으니 아무 것도 나타나지 않는 공화면이 보일 것이다. 여기에서 **빨간색 '새 목표'** 버튼을 누른다.

구글 애널리틱스 목표 설정 2

새 목표를 누르면 위와 같은 화면(구글 애널리틱스 목표설정 2)이 나타날 것이다. 여기에서 구글이 제공하는 기본 템플릿을 활용하여 목표를 설정할 수 있다. 여기서는 다음 그림과 같이 우리가 원하는 목표 값들을 커스터마이징(Customizing)할 것이다. 따라서 '맞춤 설정'을 클릭하고 계속 버튼을 누른다.

구글 애널리틱스 목표 설정 3

다음 나타나는 화면에서 우리가 구하고자 하는 목표의 이름을 자유롭게 입력한다. '결제완료'로 예를 들어 보겠다. 이름을 '결제완료'로 입력하고 유형을 '도착'을 클릭하고 계속 버튼을 클릭한다.

구글 애널리틱스 목표 설정_결제완료1

그럼 최종목표에 URL을 입력하라는 창이 보이게 된다. 여기에 우리가 확인하고자 하는 페이지의 URL을 입력하는 것이 '도착' 유형의 포인트이다.

구글 애널리틱스 목표 설정_결제완료2

여기에 입력해야 하는 URL은 결제가 완료되었을 때 나타나는 페이지이다. 인터넷에서 물건을 구입해 본 경험이 있다면 다음과 같은 구매완료 화면을 심심치 않게 보았을 것이다.

Thank you!

Your order has been placed, and a translator
will start work shortly...

Your order number is **3598767**

1 item	727 words
Languages	1
Quality level: Advanced	from $0.12 / word
Total	**$87.24**

Estimated delivery **9 hours.**

Go to Order Dashboard

Create another order

For faster payment next time you order, save your payment
preferences in account settings .

구매완료 화면 예시 / 출처 : gengo.com

이 화면이 진짜 구매를 완료했을 때 나타나는 화면이라면, 지금 보이는 URL을 그대로 복사하여 구글 애널리틱스 최종 목표 URL에 '같음' 옵션을 선택한 후 붙여넣으면 된다고 생각할 지도 모른다. 하지만 현실은 조금 다르다.

대부분의 사이트는 구매완료 페이지가 한 URL로 통일되어 있지 않다. URL 뒷 부분에 주문완료 넘버링이 함께 부여된다. 그렇게 되면 매번 결제할 때마다 주문완료 번호 때문에 URL이 바뀌게 되는데, 이 부분을 해결할 수 있는 방안은 최종목표 유형을 '시작 값'으로 설정하는 것이다.

'시작 값'은 내가 설정한 값의 뒷부분이 어떻게 되든 상관 없이 내가 설정한 특정 URL로 시작만 된다면 모두 전환으로 잡는 옵션이다. 즉 마지막 주문번호의 앞쪽까지만 URL을 복사하여 붙여넣고, 유형을 시작 값으로 하면 매번 변동되는 주문번호에 상관 없이 전환을 잡을 수 있다. 이처럼 운영해야 하는 사이트의 유형에 따라 조건 값을 유동적으로 설정해야 하기 때문에, 목표 값을 구성하기 전 사이트의 구성을 면밀히 살펴보는 것이 중요하다.

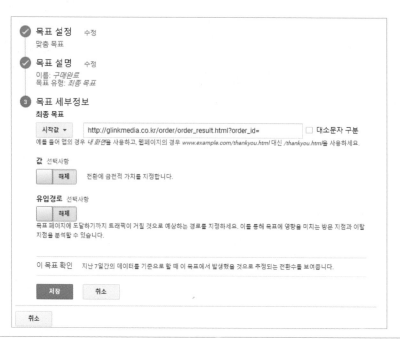

구글 애널리틱스 목표 설정_결제완료3

최종목표 밑의 '값'은 해당 제품 가격이 하나로 지정되어 있다면 그에 맞는 금액을 기입하면 된다. 해당 부분은 필수는 아니니 선택적으로 지정하고 저장을 눌러보자.

구글 애널리틱스 목표 설정 완료_결제완료

그럼 위와 같이 '결제완료'로 된 목표가 생성된 것을 확인할 수 있다. 그렇다면 이제 '도착' 유형은 생성을 해보았으니, 이제 특정 '이벤트'를 목표로 세팅하는 방법을 알아보자.

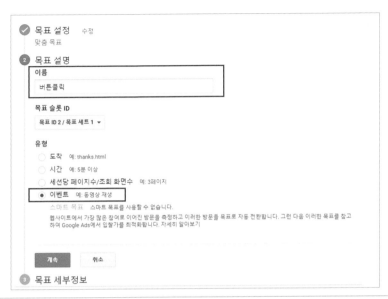

구글 애널리틱스 목표 설정_이벤트1

새롭게 새 목표 버튼을 클릭하고 맞춤목표를 선택하면 위와 같은 화면이 다시 나타날 것이다. 여기에서 이름을 버튼 클릭이라고 명명하고 유형을 '이벤트'로 설정하자.

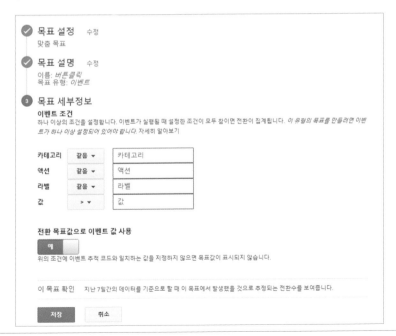

구글 애널리틱스 목표 설정_이벤트2

계속 버튼을 누르면 이벤트 부분에서 다루었던, '카테고리', '액션', '라벨', '값' 네 가지 요소가 다시 등장한다. 여기에 입력해야 할 것은 이전에 이벤트로 지정한 이벤트의 값들이다. 즉 이 목표를 설정하려면 이벤트 태그들이 사전에 홈페이지에 세팅되어 있어야 한다.

예를 들어 다음과 같은 이름으로 심겨진 이벤트 태그가 있다고 가정해보자.

- **카테고리**: 회사소개서
- **액션**: 다운로드
- **라벨**: 2020년 1월 업데이트 버전

회사소개서 다운로드를 목표로 하고 싶다면, 여기에 입력한 카테고리, 액션, 라벨 값을 그대로 복사해서 목표 값의 요소에 붙여넣으면 된다. 다시 강조하자면 이벤트 유형 목표의 작동 원리는 홈페이지에 세팅한 구글 애널리틱스 이벤트 값 중에서 목표 지표로 볼 것을 선정하는 것에서 시작된다. 여기서 선정이란 세팅 항목을 그대로 가져오는 것이다. 해당 이벤트의 모든 값을 띄어쓰기 하나까지 똑같이 복사해서 가지고 오자.

구글 애널리틱스 목표 설정_이벤트3

여기까지 마치고 저장을 누르면 이벤트 유형의 목표가 추가로 생성된 것을 확인할 수 있다. 여기에 생성된 목표들은 추후 구글 애즈와 연동하여 활용할 수 있다.

구글 애널리틱스 목표 설정_이벤트 완료

구글 애널리틱스 이벤트, 목표 설정 검증 방법

지금까지 이벤트 세팅 및 대표적으로 활용되는 도착과 이벤트 유형의 목표 값을 생성하는 방법을 알아보았다. 이벤트와 목표를 설정하고 나면 내가 잘 세팅을 한 것인지 확인이 필요하다. 구글 애널리틱스에서 세팅한 이벤트와 목표가 제대로 구동을 하는지 자가진단할 수 있는 간단한 방법을 소개하겠다.

방법은 리포트 소개 자료에서 언급한 구글 애널리틱스의 '실시간 보고서'를 통하여 데이터가 실제로 집계되는지 눈으로 확인하는 것이다.

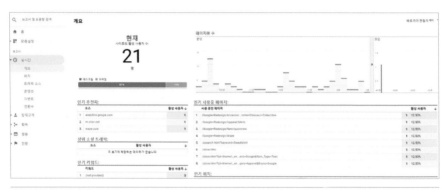

구글 실시간 보고서 개요 화면

실시간 개요 보고서에는 개요, 위치, 트래픽 소스, 콘텐츠, 이벤트, 전환 등 6개의 세부 보고서를 제공한다. 여기서 우리가 자가진단을 위하여 확인해야 하는 보고서는 '이벤트'와 '전환수' 보고서이다

실시간 보고서_이벤트 보고서

실시간 이벤트 보고서에서는 실시간으로 실행되고 있는 이벤트들을 확인할 수 있다. 하단에 위치한 표에는 최근 1분 동안 발생한 이벤트 중 활성 사용자가 많은 상위 20개의 이벤트 카테고리가 내림차순으로 정렬되어 보여진다. 표 바로 위 작은 글씨로 보이는 '이벤트(최근 30분)'을 클릭하면 최근 30분 동안 발생한 총 이벤트 수가 카테고리별로 표시되는 것을 확인할 수 있다.

이 보고서를 활용해서 우리가 세팅한 이벤트를 확인하는 방법은 직접 그 액션을 해보고 리포트에 데이터가 잘 수집되는지 체크하는 것이다. 예를 들어 '버튼클릭' 이벤트를 확인하려면 해당 버튼을 웹페이지에서 직접 클릭해본다. 만약 이벤트가 제대로 구동한다면 당연히 실시간 보고서에 해당 이벤트가 데이터가 내가 누른 타이밍에 맞게 나타날 것이다. 이 보고서에 원하는 데이터가 나타나는지를 확인하면서 각 이벤트 값 구동 여부를 확인하자.

이와 동일한 방법으로 목표 값도 확인한다. 목표는 실시간 보고서 안에 있는 전환수 보고서에서 확인할 수 있다.

실시간 보고서_전환수 보고서

이 보고서에서는 목표로 설정한 행동에 대한 데이터만 표시된다. 하단 표에는 활성 사용자가 세션 중에 달성한 상위 20개의 목표와 이에 대한 전환율이 표시된다. 이벤트 보고서와 마찬가지로 표 위에서 위치한 '목표 조회수(최근 30분)'를 클릭하면 최근 30분 동안 발생한 전환 횟수가 보인다. 전환수 보고서를 통하여 확인하는 방법도 이벤트 확인 방법과 같다. 목표로 설정했던 액션을 실제로 해보자. 잘 세팅되어 있다면 보고서에서 실시간으로 숫자가 잡히는 것을 확인할 수 있을 것이다.

지금까지 퍼포먼스 마케팅에서 주로 활용이 되는 구글 애널리틱스 주요 기능들을 살펴보았다. 다음 챕터에서는 구글 애널리틱스를 활용하면서 마케터가 스스로 태그 작업을 할 수 있도록 돕는 구글 태그 매니저(Google Tag Manager)라는 툴에 대해서 알아보고, 어떻게 활용할 수 있을지 함께 체크해보자.

구글 태그 매니저의 이해

우선 구글 태그 매니저는 '구글'이라는 공통된 이름이 있어서인지 구글 애널리틱스와 비슷한 툴이라고 이해하고 있는 사람들이 많다. 하지만 이 둘은 전혀 다른 기능을 가지고 있다. 구글 애널리틱스가 웹사이트나 앱을 분석하는 툴이라면, 구글 태그 매니저는 말 그대로 웹사이트나 앱에서 태그를 관리하는 툴이다. 구글 태그 매니저는 구글 애널리틱스에만 국한된 툴이 아니다. 태그 매니저를 활용하여 페이스북 픽셀이나 우리나라 카카오 모먼트의 태그도 삽입할 수 있다. 이처럼 두 가지 툴은 완전히 분리해서 생각해야 앞으로 소개할 내용에 대해 더욱 편하게 접근할 수 있다. 그럼 지금부터 우리가 왜 구글 태그 매니저를 활용해야 하는지 알아보자.

구글 태그 매니저를 활용하여야 하는 이유

구글 태그 매니저는 웹사이트 또는 모바일 앱에서 태그라고 일컬어지는 코드 조각을 쉽고 빠르게 관리할 수 있는 마케팅 툴이다. 앞서 챕터 2(구글 애널리틱스 활용하기)에서는, 디지털 마케팅에 활용한 코드를 추가하려면 웹개발자와 같이 웹사이트의 코드를 다룰 수 있는 담당자에게 요청해야 한다고 언급하였다. 하지만 이제 구글 태그 매니저라는 툴을 이용하면 마케터들도 필요한 코드를 쉽게 수정할 수 있다. 구글 태그 매니저 자체의 컨테이너 설치 코드만 웹 페이지에 추가되면 그 이후에는 태그 매니저 사이트 안에서 안전하게 코드를 관리할 수 있다.

태그 매니저를 활용해야 하는 이유는 크게 2가지로 정리할 수 있다.

1) 효율적이고 안전한 태그 관리

구글 태그 관리자의 장점

구글 태그 매니저의 가장 큰 장점은 태그를 추가하거나 수정을 할 때마다 웹사이트 자체의 코드를 수정할 필요가 없다는 것이다. 이러한 안정성 덕분에 마케터가 직접 태그를 적용해가며 속도감 있게 업무를 진행할 수 있다. 구글 태그 매니저에는 '미리보기' 기능이 있다. 이 기능을 이용하면 생성한 태그를 적용하기 전에 사전 테스트를 해볼 수 있다. 이 기능을 통해 태그가 제대로 작동하는지 미리 진단하고 안전하게 관리할 수 있다는 것이 큰 장점 중 하나이다.

또한 구글 애널리틱스와 마찬가지로 태그 매니저도 구글에서 개발을 하였기에 두 제품 간의 연동이 매우 뛰어나다. 페이지 도착뿐만 아니라 버튼클릭, 동영상 재생, 스크롤 깊이 등 대표적으로 활용되는 이벤트 요소들은 단 몇 분 만에 관련 태그로 생성할 수 있다. 태그를 적용한 후, 관련 데이터들은 구글 애널리틱스에서 즉각적으로 확인할 수 있다.

마지막으로 체계적인 관리가 가능하다. 웹페이지를 직접 수정하게 되면 따로 기록하지 않는 이상 히스토리 파악이 매우 힘들다. 그렇기에 어떤 문제가 발생하였을 때 어느 부분에서 문제가 발생하였는지 조사하는 데 상당한 시간이 소요된다. 하지만 태그 매니저의 경우 새롭게 적용한 태그에 대한 코드 설치 히스토리가 기록된다. 그래서 문제가 발생하였을 때 원인이 될 수 있을 것 같은 요인들을 한눈에 파악할 수 있다. 히스토리 기능을 활용하여 잘못된 태그를 바로잡거나 중복 태그를 심는 것을 사전에 방지할 수 있다.

2) 커뮤니케이션 비용 절감

마케터가 안전하게 태그를 관리할 수 있다는 것은 개발자와의 커뮤니케이션 비용을 크게 절감시킬 수 있다는 효과를 갖는다. 구글 퍼포먼스 마케팅 측면에서 보았을 때, 다양한 태그들을 활용하여 데이터를 수집하여야 하는 만큼 태그 설치 및 수정에 관하여 다양한 작업이 필요하다. 이 과정에서 개발자와 원활한 의사소통이 되지 않는다면 커뮤니케이션에 많은 에너지가 투입될 수밖에 없다. 그래서 구글 태그 매니저를 활용하는 것만으로도 개발자와 마케터 담당자 간 커뮤니케이션에 투여되는 에너지를 크게 절감시키는 효과가 있다.

커뮤니케이션에 있어서 어떤 이유로 많은 에너지가 투입된다는 것일까? 직접 경험했던 몇 가지 경우를 소개하겠다. 첫 번째, 웹개발자는 대부분 웹페이지에 마케터가 관여하는 것에 심리적으로 거부감을 가지는 경우가 있다. 태그를 삽입해 달라고 요청했을 때 흔쾌히 해주는 경우도 물론 있지만, 은근한 거부감을 표현하며 어쩔 수 없이 해준다는 뉘앙스를 내비치는 상황이 발생하기도 한다. 이럴 때마다 마케터의 입장에서는 추가적인 태그 삽입에 대해서 심리적 부담감이 커질 수밖에 없다.

두 번째, 웹개발자가 구글 애널리틱스 관련한 코딩 지식이 없는 경우이다. 구글 애널리틱스 이벤트 태그의 경우, 버튼을 클릭했을 때 이벤트 값이 구글 애널리틱스에 기록되도록 코드를 추가해야 한다. 이벤트 코드를 규칙에 맞추어 개발자에게 그대로 전달한다 하더라도, 개발자가 이 코드를 어떻게 심어야 하는지 몰라 마케터에게 역으로 질문하는 경우도 많다. 마케터 입장에서도 웹 페이지가 어떤 구조로 되어 있는지 알기 어렵기 때문에, 이런 경우가 발생하면 마케터와 개발자 간 커뮤니케이션은 어쩔 수 없이 길어질 수밖에 없다.

마지막으로 세 번째는 태그가 제대로 작동하지 않는 경우의 사후 커뮤니케이션이다. 개발자가 태그를 도와주었다고 하더라도 혹시 태그가 작동을 하지 않는다면 그 다음 커뮤니케이션은 더욱 어려워진다. 개발 쪽을 따로 공부하지 않은 마케터의 입장에서는 당연히 웹 개발 관련한 지식이 부족한데, 부탁한 개발자마저 왜 작동하지 않는지 모른다고만 이야기한다면 상황은 미궁 속에 빠져들게 된다.

개발자와 마케터 간 커뮤니케이션의 어려움

물론 대부분의 경우 태그 관련 도움이 필요할 때마다 개발자들로부터 큰 도움을 받아왔다. 하지만 어디에나 예외는 있다. 구글 태그 매니저의 기본적인 활용 방법만 이해해도 불필요한 에너지를 쏟지 않을 수 있다.

구글 태그 매니저 구조의 이해

구글 태그 매니저는 크게 5가지의 구성 요소로 나뉘어져 있다. 바로 계정, 컨테이너 태그, 트리거, 변수이다. 그럼 지금부터 전체적인 구조와 각각의 요소가 하는 역할에 대해 알아보자.

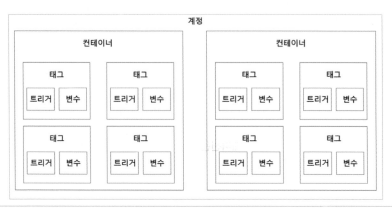

구글 태그 매니저의 구조

1) 계정

구글 태그 매니저의 가장 큰 구성 요소이다. 구글 애널리틱스처럼 구글 태그 매니저의 계정도 태그 매니저의 시작점이라고 할 수 있다. 생성된 계정 내에서 사이트별로 컨테이너를 생성하여 전체적인 구조를 관리할 수 있다.

2) 컨테이너

컨테이너는 관리할 웹사이트에 대한 실질적인 작업 공간이다. 구글 애널리틱스의 속성처럼 태그 매니저에서도 컨테이너 차원에서 태그가 발급된다. 그래서 웹사이트 하나당 하나의 컨테이너를 생성해야 한다. 즉 운영하는 웹사이트가 하나라면 하나의 컨테이너만 생성하여 그 안에서 작업을 진행하여야 한다. 관리하는 사이트가 여러 개라면 각 사이트별로 별도의 컨테이너를 생성하여야 안정적으로 관리할 수 있다.

3) 태그

태그는 이름표, 꼬리표라는 사전적 의미를 갖는다. 구글 태그 매니저에서의 태그는 수집하고자 하는 데이터의 이름표를 의미한다. 예를 들어 웹사이트의 특정 '버튼 클릭', '양식 작성', '파일 다운로드' 등 웹사이트 내 특정 행동을 파악하고 싶을 때, 수집하고자 하는 각 항목의 이름이 태그명이 된다.

4) 트리거

트리거는 방아쇠라는 뜻을 가진다. 태그가 어떤 데이터를 수집하는지를 우리에게 알려주는 이름표였다면, 트리거는 이 이름표를 우리에게 알려줄 타이밍을 의미한다. 예를 들어 '양식 작성'에 대한 데이터를 수집하는 태그를 만들었는데, 버튼을 클릭했을 때 그 태그를 작동시키면 당연히 안될 것이다. '양식 작성'이라는 이름의 태그는 유저가 정말 양식을 작성했을 때 작동되어야 할 것이다. 즉 트리거는 태그를 작동시키는 순간을 결정하는 명령어이다.

5) 변수

변수는 말 그대로 변하는 값이다. 어떤 값을 넣는지에 따라 결과가 달라지기 때문에 이런 이름이 붙었다. 변수는 트리거에서의 변수와 태그에서의 변수로 크게 두 가지 경우로 나뉜다. 트리거에서의 변수는 태그 실행 조건을 정의하는 용도로 사용된다. 예를 들어 클릭을 하였을 때 트리거가 작동하게 설정해 놓았다. 그런데 '클릭'은 버튼을 클릭한 것일 수도 있고, 메뉴나 이미지를 클릭한 것일 수도 있다. 이렇게 따지면 웹사이트에서 클릭의 종류는 수십 가지가 될 것이다. 그래서 이 중 변수라는 조건을 하나를 만들어서 A를 클릭했을 때에만 이 트리거가 작동하게 세팅해 둔다. 이렇게 되면 웹사이트에서 다른 트리거가 아무리 '클릭'이라는 행위를 했다고 하더라도 트리거는 작동하지 않는다. A 조건을 클릭했을 때에만 비로소 트리거가 작동하여 태그 값을 우리에게 보여주게 된다.

온라인 쇼핑몰 운영을 예로 들어보겠다. 엄청나게 다양한 물건을 판매하는 전자상거래 사이트라고 가정해보자. 상품 종류가 수백 가지이고 각 가격 구성도 마찬가지로 수백 개가 되는 상황이다. 이럴 때 각 상품에 대한 태그 값을 하나하나 세팅하는 것은 사실상 불가능하다. 이럴 때 사용되는 것이 태그에서의 변수이다. 상품마다 다른 전환 이름이나 전환 가치를 매기도록 명령하는 변수를 만들고 이를 태그에 넣어보자. 그러면 태그 하나만으로도 각 상품별로 정보를 구별하여 데이터를 전송할 수 있다. 다만 내용이 조금 어려울 수 있으니 '변수에는 이런 것이 있구나'라는 정도만 이해하고 가볍게 넘어가도록 하자. 뒤에서 실습을 함께 따라 하다 보면 직관적으로 이해가 될 것이다.

구글 태그 매니저 세팅 방법

태그 매니저의 구조를 이해하였으니, 지금부터 어떻게 태그 매니저 계정을 생성하고 구글 애널리틱스로 그 데이터를 전송할 수 있는지 알아보자.

구글 태그 매니저를 활용하기 위해서는 역시 구글에 로그인을 할 수 있는 계정이 있어야 한다. 구글에서 '태그 매니저'를 검색하거나 URL 검색 창에 https://tagmanager.google.com/을 입력하여 태그 매니저에 접속한다. 그리고 보유하고 있는 구글 로그인 계정 정보로 로그인을 해보자. 그러면 다음과 같은 텅 비어 있는 화면이 나타난다. 여기에서 우측 상단에 있는 '계정 만들기' 버튼을 클릭한다.

구글 태그 매니저 첫 화면

구글 태그 매니저 계정 만들기

계정 만들기를 클릭하면 '계정 설정'과 '컨테이너 설정'을 동시에 입력할 수 있다. 계정 설정에는 내가 구분할 수 있는 계정의 이름과 국가를 선택한다. 그리고 컨테이너에서는 운영하는 웹사이트 입력하고 타겟 플랫폼은 '웹'으로 선택한다. 참고로 웹사이트를 입력할 때 'http://'부터 입력하면 특수문자 오류가 발생하니, 'www.'부분부터 입력하면 된다. 'www'가 없는 웹페이지는 'http://' 다음에 나타나는 웹사이트 명부터 입력한다(사이트 URL 마지막에 특수기호 '/'로 끝나는 경우도 많은데, 여기서는 이 기호도 제외하고 입력하자).

구글 태그 매니저 계정 및 컨테이너 정보 입력

정보를 입력하고 만들기를 누르면 서비스 약관이 나타난다. 특이 사항이 없으면 확인을 누르자. 약관에 대해 확인을 누르면 바로 태그 매니저 설치를 위한 코드가 안내된다.

<!-- Google Tag Manager -->
구글 태그 매니저 설치를 위한 코드

화면에 안내된 대로 위의 코드는 〈head〉 내 가장 높은 위치, 아래 코드는 〈body〉태
그 바로 뒤에 삽입을 웹사이트 개발자에게 요청한다. 삽입이 완료되었다면 태그 매니
저를 바로 활용할 수 있다. 태그 매니저가 잘 심어졌는지는 구글 애널리틱스와 마찬
가지로 태그 어시스턴트 확장 프로그램을 이용하여 확인할 수 있다.

태그 어시스턴트 내 구글 태그 매니저 확인

잘 설치되었는지 확인했다면 안심하고 구글 태그 매니저 메인 화면에서 작업을 진
행할 수 있다. 태그 매니저 인터페이스를 보며 어떤 기능이 있는지 알아보자.

구글 태그 매니저 메인 화면

우선 메인 화면 좌측 상단에 보면 작업공간, 버전, 관리자가 있다.

1) 작업공간

처음 구글 태그 매니저에 접속했을 때 나타나는 메인 화면이 작업 공간이다. 여기서 우리는 태그, 트리거, 변수를 작업할 수 있으며, 태그의 전체적인 관리도 할 수 있다.

2) 버전

태그를 생성하고 웹페이지에 업데이트 할 때마다 버전이 하나씩 생성이 된다. 여기서 말하는 버전은 우리가 작업한 히스토리로 이해하면 된다.

태그 매니저 '버전' 메인 화면

그림과 같이, 업데이트를 진행할 때마다 모든 기록이 남게 되며 원하는 버전을 클릭하면 해당 버전에서의 상세 수정 내역도 확인할 수 있다.

태그 매니저 '버전' 상세 내역

3) 관리자

관리자는 현재 접속되어 있는 계정 및 컨테이너에 대해 다양한 설정을 진행할 수 있는 관리 페이지이다. 새로운 계정이나 컨테이너를 생성할 수 있으며, 각 계정과 컨테이너별로 접근할 수 있는 담당자를 관리할 수 있다. 뿐만 아니라 공을 들여 만든 컨테이너의 작업 내용을 내보내거나 가져오는 것도 가능하다.

태그 매니저 '관리자'

구글 애널리틱스를 활용한 디지털 마케팅

구글 태그 매니저와 구글 애널리틱스 연동

앞의 과정을 마치면 태그 매니저 메인 화면 왼쪽에 태그, 트리거, 변수 등 앞서 설명한 메뉴들이 보일 것이다. 이 메뉴들이 어떻게 사용이 되는지는, 구글 애널리틱스와 태그 매니저를 연동하는 방법을 통해 함께 알아보려고 한다.

구글은 자사 플랫폼들 간에 매우 손쉽게 연동되도록 설계해 놓았다. 구글 애널리틱스와 구글 태그 매니저 연동에 필요한 것은 딱 하나다. 바로 구글 애널리틱스의 '추적 ID'이다. 구글 애널리틱스 '속성' 내 '추적코드'로 들어가면 추적코드와 함께 추적 ID가 나타난다. 'UA-'로 시작되는 한 줄의 숫자 조합을 모두 복사해 놓자.

구글 애널리틱스 속성 탭 내 추적 ID 확인

다시 태그 매니저로 돌아오자. 태그 매니저 작업공간 메인 화면에서 왼쪽을 보면 다양한 메뉴가 존재하는데, 여기서 '변수'를 클릭하자.

구글 태그 매니저 내 '변수' 탭 클릭

앞의 이미지와 같이, 변수 탭을 클릭하면 '기본 제공 변수'와 '사용자 정의 변수'를 세팅할 수 있다. 이 중 오른쪽 하단에 있는 '새로 만들기'를 클릭한다.

'사용자 정의 변수' 새로 만들기 클릭 화면

새로 만들기를 클릭하면 앞과 같은 이미지가 나타난다. 이미지의 1번 위치에서는 새로이 세팅할 변수의 이름을 임의로 정할 수 있다. 임의로 ❶ 'GA 추적 ID'라고 명명한 후 변수 구성 오른쪽 상단에 있는 ❷ 연필 아이콘을 클릭해보자.

변수 유형 선택

그럼 변수 유형을 선택하라는 화면이 나타난다. 여기에는 복잡해 보이는 다양한 선택지가 나타난다. 애널리틱스 연동을 위해서 스크롤을 밑으로 내려서 '유틸리티' 파트의 'Google 애널리틱스 설정'을 선택한다.

구글 애널리틱스 설정 클릭 화면

그러면 추적 ID를 입력하는 빈 칸이 보일 것이다. 바로 이곳에 아까 복사해 놓았던 구글 애널리틱스의 추적 ID를 입력하고 저장을 누른다. 저장을 누르면 우리가 명명한 'GA 추적 ID' 변수 값이 생성된 것을 확인할 수 있다.

'GA 추적 ID' 변수 생성 확인

여기까지 하면 구글 애널리틱스와의 연동은 끝났다. 추후에 생성하는 태그들은 전송하는 변수 값을 우리가 방금 생성한 'GA 추적 ID'로 설정하면 된다. 방금 설정한 변수를 태그에 적용하는 것은 태그에 대한 데이터 값을 해당 추적 ID를 가지고 있는 구글 애널리틱스로 전송하겠다는 의미이기 때문이다.

번외로 구글 태그 매니저를 통하여 구글 애널리틱스 태그를 삽입할 수 있다. 구글 애널리틱스에서 추적코드를 발급받은 후, 웹페이지에 삽입은 하지 않고 지금처럼 태그 매니저 상에서 변수 값만 세팅한 상태라고 가정해보자. 그럼 태그 매니저에는 세팅이 되어 있지만, 실제 웹사이트에는 애널리틱스 추적코드가 삽입되어 있지 않을 것이다. 이 상황에서 '트리거'와 '태그'를 활용하여 애널리틱스를 삽입하는 방법에 대해 알아보고 넘어가겠다.

우선 구글 태그 매니저의 메뉴 중에서 '트리거'를 클릭하자.

'트리거' 메뉴 클릭

여기서 마찬가지로 좌측 상단 '새로 만들기' 버튼을 클릭하자. 그러면 변수 때 클릭했던 것과 마찬가지로 트리거의 이름과 구성을 지정할 수 있다. 여기에서 트리거는 구글 추적 ID가 모든 페이지에서 작동해야 하므로 '모든 페이지 트리거'라고 명명하자. 그리고 옆에 트리거 구성의 연필 아이콘 버튼을 클릭한 후 페이지뷰를 선택한다.

트리거 구성 내 '페이지뷰' 선택

'모든 페이지뷰' 옵션을 클릭한 후 저장 버튼을 클릭한다.

트리거 구성 내 모든 페이지뷰 선택

저장이 완료되었다면, 트리거 창에서 생성된 트리거를 확인할 수 있다.

모든 페이지 트리거 생성 확인

이제 마지막으로 태그를 만들어 보자. 메뉴 내 태그 버튼을 클릭하고 '새로 만들기'를 누른다. 그럼 여기에서도 '태그 구성'과 '트리거' 선택창이 나타난다. 트리거는 우리가 방금 생성한 '모든 페이지 트리거'로 선택한다. 그리고 태그 이름은 임의로 'GA 태그'로 입력하고 태그 구성을 클릭한다.

구글 태그 매니저 내 구글 애널리틱스 태그 세팅

그럼 굉장히 다양한 태그의 유형들이 나타난다. 여기에서 가장 상단에 있는 'Google 애널리틱스: 유니버설 애널리틱스 태그'를 선택하자.

구글 애널리틱스 : 유니버설 애널리틱스 선택

그러면 '추적 유형'과 'Google 애널리틱스 설정'을 선택할 수 있다. GA 태그는 모든 페이지에서 작동해야 한다. 그러므로 추적 유형은 '페이지뷰'로 설정하고 하단에 애널리틱스 설정은 우리가 변수 값으로 생성한 'GA 추적 ID'를 선택한다.

GA 태그 설정

설정을 완료하고 저장을 누르면 태그가 생성된 것을 확인할 수 있다.

GA 태그 생성 확인

　태그까지 생성되었다면 모든 준비는 끝났다. 사이트에 적용하려면 오른쪽 상단 '제
출' 버튼을 눌러야 한다. 태그 생성 후에는 실제로 태그가 의도한 대로 작동하는지 진
단해야 한다. 제출하기 전에 구글 애널리틱스 태그에 대해 자가진단을 하는 방법이 2
가지 있다. 첫 번째 진단 방법은 앞서 몇 차례 언급하였던 태그 어시스턴트를 통해 해
당 태그의 구동 여부를 확인하는 것이다. 두 번째 방법은 구글 태그 매니저에서 제공
하는 '미리보기' 기능을 활용하는 것이다. 태그 매니저를 활용하면 가장 많이 활용하
게 될 기능 중 하나이다. 어시스턴트를 활용한 진단 방법은 여러 차례 언급하였으니,
'미리 보기' 기능을 활용하여 진단을 해보겠다. 미리 보기 버튼은 태그 매니저 화면의
오른쪽 상단에 위치해 있다. 미리보기 버튼을 클릭하면 다음과 같이 주황색 안내 화
면이 나타난다.

구글 태그 매니저 '미리보기' 클릭 화면

　그리고 이제 구글 태그 매니저를 삽입한 웹페이지에 접속해보자. 미리보기를 실행
한 후 구글 태그 매니저 코드를 삽입한 홈페이지에 접속하면 웹페이지 하단에 어떤

태그들이 작동하고 있는지 한눈에 확인할 수 있다. 우리가 생성한 'GA 태그'는 모든 페이지가 열릴 때 실행되도록 세팅했으므로, 페이지가 열리자마자 실행됨을 확인할 수 있다.

웹페이지 접속 시 나타나는 태그 관리자 미리보기 화면

미리보기 화면을 통하여 태그에 이상이 없는지 확인한다. 그 후 다시 구글 태그 매니저로 넘어와서 '제출' 버튼을 클릭하자.

구글 태그 매니저 내 '제출' 버튼 클릭

제출 버튼을 클릭하면 새로운 버전을 적용하기 전에 히스토리를 남길 수 있다. 꼭 작성하지 않아도 태그 게시에는 전혀 문제가 없으나, 버전별 변경사항을 기록한다면 추후에 히스토리를 파악할 때 필요한 부분을 빠르게 찾아낼 수 있다. 모두 완료되었다면 오른쪽 상단 '게시' 버튼을 누르자. 그러면 GA 태그가 최종적으로 웹페이지에 적용된다.

GA 태그 최종 적용 완료 화면

지금까지 구글 태그 매니저를 활용해 구글 애널리틱스의 태그 삽입과 실행을 진행하였다. 이젠 구글 애널리틱스에 전달해야 하는 이벤트를 삽입하고 데이터를 확인하는 방법에 대해 본격적으로 알아보자.

구글 태그 매니저를 활용한 구글 애널리틱스 이벤트 설정

구글 태그 매니저가 없던 시절, 구글 애널리틱스 이벤트를 세팅하기 위해서는 구글에서 제공하는 양식에 맞추어 이벤트 코드를 작성하고 이를 웹 개발자에게 전달해야만 했다. 그리고 이 이벤트가 작동을 하려면 개발자가 그 코드를 심어줄 때까지 기다려야만 했다. 하지만 구글 태그 매니저를 활용하면 무슨 뜻인지도 모르는 코드를 작성하지 않아도 될뿐더러, 즉시 코드를 적용해보고 자가 진단까지 가능하다. 구글 태그 매니저에서 활용하는 이벤트 중 대표적으로 활용되는 것은 버튼 클릭, 영상 재생, 스크롤이다. 이 중에서 우리는 버튼 클릭과 스크롤 두 가지 이벤트를 설정하는 방법을 함께 알아보겠다.

1) 버튼 클릭 이벤트 설정

버튼 클릭 이벤트 설정을 위해서는 구글 태그 매니저 내에서 미리 세팅되어 있어야 하는 변수 값들이 존재한다. 먼저 구글 태그 매니저에 접속하여 '변수'를 클릭해보자.

버튼 클릭 이벤트 설정_변수 확인

여기에서 위쪽에 있는 '기본 제공 변수'에서 오른쪽 '구성' 버튼을 클릭한다. 그러면 구글에서 기본적으로 제공하는 다양한 변수들을 선택할 수 있다. 이 중 하단에 위치한 '클릭수'의 모든 변수 값을 체크한다.

버튼 클릭 이벤트 설정_ 클릭 변수 불러오기

그리고 '기본 제공 변수 구성' 타이틀 왼쪽의 ⊠를 눌러 빠져나오면 우리가 체크한 변수 값들이 불러와지는 것을 확인할 수 있다.

버튼 클릭 이벤트 설정_불러온 변수 확인

클릭에 대한 변수 값들을 모두 불러온 이유는, 우리가 집계하여야 할 데이터 값이 클릭에 관한 것이기 때문이다. 웹페이지 구조상 각각의 버튼은 이름과 URL 등 다양한 요소로 구성 되고 각기 다른 속성 값으로 규정된다. 우리가 원하는 버튼 값이 무엇인지 알기 위해서는 사이트 내에서 클릭이 어떤 요소들로 정의되어 있는지 정확하게 파악해야 한다. 그럼 이렇게 불러온 변수들을 어떻게 활용하는지 알아보겠다.

구글 태그 매니저에서 '미리보기'를 누른 후 작업할 웹페이지에 접속해보자. 필자는 이미지에 있는 예시 블로그에 '방명록' 버튼을 클릭한 데이터를 집계하고자 한다. 그렇다면 방명록 버튼에 대한 클릭이 어떻게 규정되어 있는지 알아야 하는데, 이는 미리보기 탭에서 쉽게 확인할 수 있다.

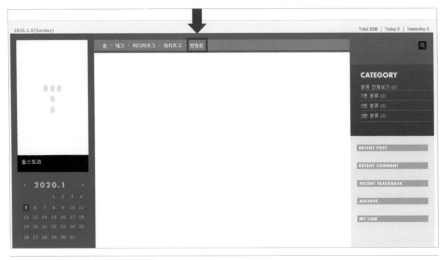

버튼 클릭 이벤트 설정_방명록 버튼 예시

먼저 실제로 집계할 버튼을 클릭해본다. 여기서 중요한 것은 Ctrl 키를 누른 채 클릭하여 새 창에서 페이지가 열리게 해야 한다는 것이다. Ctrl 키를 누르지 않고 클릭을 하면 현재 페이지에서 이탈되기 때문에 클릭한 데이터를 확인하기 어렵다.

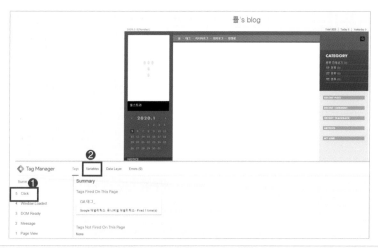

버튼 클릭 이벤트 설정_방명록 버튼 클릭

예를 들어 보이는 웹사이트에서 '방명록' 버튼을 [Ctrl]을 누른 채 클릭하면, 그 순간 이 클릭이 어떤 클릭인지 미리보기 왼쪽 하단에 나타난다. 미리보기에 나타난 ❶ 'Click'을 선택하고 메뉴 중간에 있는 ❷ Variables 항목에 들어가보면 방금 내가 누른 클릭이 웹사이트에서 어떤 변수로 규정되어 있는지를 확인할 수 있다.

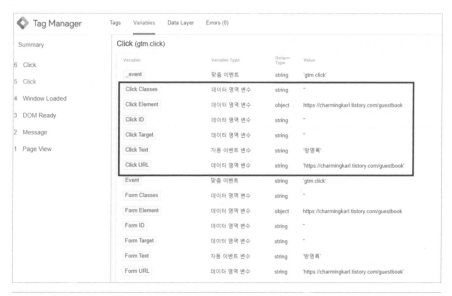

버튼 클릭 이벤트 설정_방명록 버튼 변수 정의 확인

여기에서 보면 우리가 태그 매니저에서 불러왔던 변수들이 방금 웹사이트에서 이루어진 클릭에 대해 어떻게 규정을 하고 있는지가 나타난다. 웹사이트 개발자가 웹사이트를 어떻게 만들었는지에 따라 규정된 항목도 있고 그렇지 않은 부분들도 있다. 개발자가 어떻게 버튼 값을 규정하는지는 그들의 노하우이기에 같은 버튼이라고 할지라도 사이트별로 다를 수 있다. 그렇기에 이러한 과정을 통해서 원하는 클릭에 대한 정확한 변수 값을 꼭 확인하고 진행해야 한다.

다시 세팅으로 돌아오자. 예시 블로그의 방명록 버튼은 Click Element, Click Text, Click URL 변수로만 규정되는 것을 확인할 수 있다. 이것을 기억하고 다시 태그 매니저로 넘어온다. 태그 매니저에서 트리거 탭으로 들어와 새로 만들기를 클릭하고 이를 '방명록 버튼 클릭'으로 트리거를 명명하겠다. 그리고 트리거 구성에서 클릭 유형의 '모든 요소'를 선택한다.

버튼 클릭 이벤트_트리거 유형 선택

모든 요소를 선택하면, '모든 클릭'과 '일부 클릭' 중 선택하도록 되어 있다. 이 중에서 일부 클릭을 선택하면 어떤 변수들을 클릭 데이터를 전송할 것인지 선택할 수 있다.

버튼 클릭 이벤트_트리거 내 변수 선택

바로 여기가 우리가 웹페이지에서 파악한 버튼의 변수 값을 넣을 수 있는 공간이다. 방명록 버튼의 경우 Click Element, Click Text, Click URL 3개 요소로 구성된다. 이 중 요소 하나만 포함되어도 해당 데이터 값을 전송하는 데 이상이 없다. 가장 간단한 방법은 Click Text를 변수 값으로 선택하는 것이다. Click Text를 변수 값으로 선택하고 '포함' 또는 '같음'으로 고른다. 그 후 '방명록'을 입력한다. '방명록'이라고 입력하는 이유는 규정된 Click Text 명이 '방명록'으로 되어 있기 때문이다.

버튼 클릭 이벤트_트리거 옵션 입력

트리거 세팅이 완료되었다면 '태그' 메뉴로 들어와서 '새로 만들기'를 클릭한다. 태그 이름은 '방명록 버튼 클릭'이라고 입력한다. 그리고 트리거는 방금 생성한 '방명록 버튼 클릭 트리거'를 선택한다. 그 다음 태그 구성이 중요한데 구글 애널리틱스로 전송할 것이므로

'Google 애널리틱스: 유니버설 애널리틱스' 유형을 선택한다. 여기에서 추적 유형을 '이벤트'로 선택하면 다음과 같은 화면이 나타날 것이다.

버튼 클릭 이벤트_태그 이벤트 규정

여기에서 카테고리, 작업, 라벨 값이 한 번 더 등장한다. 작업은 구글 애널리틱스에서 진행했던 것과 같다. 각 값을 임의로 규정하고 싶은 이름들로 명명한다. 필자는 임의로 카테고리는 '방명록', 작업은 '클릭'으로 설정하겠다. 그리고 하단의 Google 애널리틱스 설정은 초반에 만들어 두었던 'GA 추적 ID' 변수로 세팅하고 저장을 누르자.

버튼 클릭 이벤트_방명록 버튼 클릭 태그 생성 화면

새롭게 태그 하나가 추가되었다. 추가된 내용이 적용되었는지 확인하기 위해 구글 태그 매니저 미리보기와 웹사이트 모두 새로 고침(F5)을 해보자.

버튼 클릭 이벤트_진단1

새로 고침을 하면 하단에 새롭게 생성한 태그가 나타나는 것을 확인할 수 있다. 이 태그는 방명록 버튼을 클릭하면 태그가 작동될 것이기 때문에 'Tags not fired on this page' 부분에 위치해 있다. 그렇다면 Ctrl을 누르고 방명록 버튼을 눌러보겠다.

버튼 클릭 이벤트_진단 2

방명록 버튼을 누르자 바로 '방명록 버튼 클릭' 태그가 Fired 된 것을 확인할 수 있다. 그럼 구글 애널리틱스에는 제대로 데이터가 들어왔는지도 확인해보자.

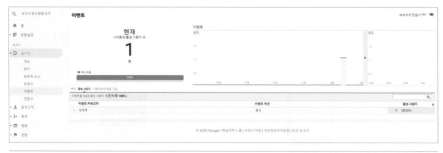

버튼 클릭 이벤트_진단3

구글 애널리틱스 상에서 실시간 내 이벤트 보고서를 확인해 보면, 태그 생성 시 규정해 놓은 이벤트 카테고리와 액션 값이 그대로 애널리틱스 데이터로 전송되는 것을 확인할 수 있다. 이처럼 구글 태그 매니저를 활용하면 웹페이지 내에서 발생하는 다양한 버튼 클릭 데이터를 구글 애널리틱스로 전송시켜 데이터를 확인할 수 있다. 그럼 버튼 클릭 외에 스크롤은 어떻게 이벤트로 설정할 수 있는지 알아보자.

2) 스크롤 이벤트 설정

스크롤 이벤트는 웹페이지에서 스크롤을 얼마나 내렸는지를 파악하기 위한 이벤트이다. 예를 들어 얼마나 많은 유저가 해당 페이지에서 스크롤을 내렸는지 확인한다고 하자. 이때 스크롤 깊이를 25% 단위로 측정한다면 25%, 50%, 75%, 100% 단위로 카운팅할 수 있다. 스크롤을 이벤트로 사용하는 이유는 여러 가지가 있을 수 있다. 그중 구글 디스플레이 광고 측면에서 보면, 스크롤을 많이 내렸던 유저들을 우리 상품 페이지에 관심도가 높은 유저로 취급하여 이들만 따로 잠재고객으로 모수로 잡아 리마케팅에 활용할 수 있기 때문이다. 이와 같이 구글 퍼포먼스 마케팅에서 스크롤은 우리 상품에 대해 얼마나 관심이 있는지를 빠르게 파악하는 보조 지표로 활용할 수 있다.

스크롤 이벤트를 세팅하기 위해서 구글 태그 매니저로 돌아오자. 우선 버튼 클릭 이벤트 삽입 시 해보았듯 스크롤에 맞는 변수의 구성부터 가져와야 한다. 태그 매니저 메뉴 중 '변수' 탭에 접속하여 '기본 제공 변수'의 '구성' 버튼을 클릭한다. 이번에 가져와야 할 구성은 하단에 위치한 '스크롤' 관련 변수들이다.

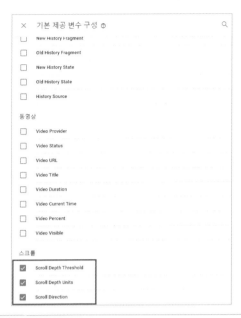

스크롤 이벤트_스크롤 변수 가져오기

관련 변수들을 모두 체크하고 트리거 창으로 돌아오자. 트리거에서 '새로 만들기' 버튼을 클릭하고 트리거 구성 중간에 위치한 사용자 참여 유형에 '스크롤 깊이'를 선택하자. 트리거 이름은 임의로 '스크롤 트리거'라고 하겠다.

스크롤 이벤트_스크롤 깊이 트리거

스크롤 깊이를 클릭하면 가로 스크롤 깊이와 세로 스크롤 깊이를 선택할 수 있다. 일반적으로 웹페이지의 제품 상세페이지는 세로로 스크롤을 사용하므로 세로 스크롤로 진행하겠다. 세로 스크롤을 선택하면 몇 퍼센트 단위로 비율을 잡을지를 세팅할 수 있다. 비율은 25, 50, 75, 100으로 입력하자. 그리고 하단에는 모든 페이지, 일부 페이지 중 어느 페이지에서 해당 트리거를 작동시킬지 설정할 수 있다.

'모든 페이지'를 선택하면 웹사이트의 모든 페이지에서 스크롤 데이터를 수집할 수 있다. 하지만 대부분의 경우, 제품 상세페이지나 이벤트 페이지 등 특정 페이지에서의 스크롤 데이터를 유의미하게 본다. 따라서 여기서는 '일부 페이지' 조건으로 트리거를 설정한다. '일부 페이지'를 클릭하면 이전과 같이 변수 값 중 하나를 선택할 수 있다. Page URL을 클릭한 후 원하는 페이지의 URL을 입력한다. URL이 정확하다면 조건은 '같음'으로 세팅하자.

스크롤 이벤트_스크롤 트리거 세팅

트리거를 세팅하였으니, 이제 태그 메뉴로 넘어오자. '새로 만들기'를 선택한 후, 태그 이름은 임의로 '스크롤 태그'로 기입한다. 태그 구성은 이전과 마찬가지로 'Google 애널리틱스 : 유니버설 애널리틱스'를 선택하고 추적 유형은 이벤트로 둔다. 임의로 카테고리명은 '스크롤'로, 작업명은 '내리기'로 입력한 후 라벨 값으로 앞에서 변수 값으로 불러왔던 것들 중 'Scroll Depth Threshold'를 선택한다. 변수 값을 불러오는 방법은 각각의 입력 창 오른쪽에 위치한 작은 블록모양의 아이콘을 클릭하면 된다.

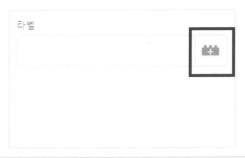

이벤트 태그에서의 변수 선택

해당 변수 값을 선택한 이유는 트리거에서 지정한 25, 50, 75, 100 단위를 라벨 단위로 보기 위함이다.

스크롤 이벤트_스트롤 태그 세팅

세팅이 완료되었다면, 태그 매니저의 '미리보기'를 누르고 해당 웹페이지로 이동하자. 웹페이지에서 태그 매니저 미리보기가 나타난다면, 스크롤을 내려 태그가 잘 작동하는지 확인한다.

스크롤 이벤트_진단1

이처럼 스크롤 태그가 제대로 작동됨을 확인했다면, 구글 애널리틱스로 넘어가자. 구글 애널리틱스에서 실시간 이벤트 보고서를 확인하면 데이터가 제대로 들어오는지 직관적으로 확인할 수 있다.

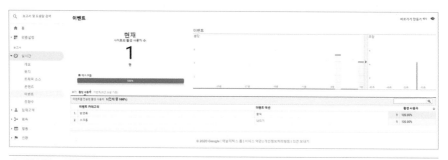

스크롤 이벤트_진단2

여기에서 라벨 값에 변수로 입력하였던 스크롤 깊이를 확인하기 위해서는 이벤트 카테고리에 나타나는 '스크롤' 텍스트를 클릭하면 된다.

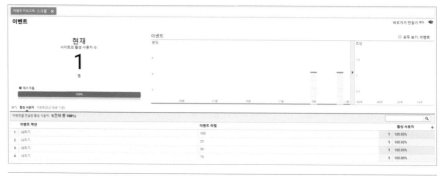

스크롤 이벤트_진단3

그러면 '스크롤'이라는 이벤트 카테고리에 관련된 이벤트 액션과 이벤트 라벨에 대한 데이터가 들어오는 것을 확인할 수 있다.

변수를 사용하지 않았더라면 이벤트 라벨 값(25, 50, 75, 100)대로 태그를 만들었겠지만, 이번 파트에서 배운 '구글 태그 매니저'의 기본 변수를 활용해서 하나의 태그만으로 스크롤 깊이별 데이터를 구글 애널리틱스로 전송할 수 있었다.

다음으로 시작할 파트 2에서는 구글의 광고 마케팅 툴인 '구글 애즈'에 대해서 알아볼 것이다. 그리고 파트 3에서는 지금까지 이야기했던 구글 애널리틱스에서 세팅한 '이벤트'를 어떻게 활용할 수 있는지 설명하겠다.

PART 02

구글 디스플레이 광고(구 GDN)

▶ 구글 디스플레이 광고란

▶ 구글 디스플레이 광고 세팅

▶ 구글 애즈 태그를 활용한 전환 및 리마케팅 모수 수집

구글 디스플레이 광고란

왜 구글 디스플레이 광고인가

디지털 마케팅에 대한 중요성이 높아지면서 디지털 마케팅을 집행할 수 있는 다양한 마케팅 플랫폼이 개발되고 있다. 우리가 다룰 구글 애즈를 비롯하여, 페이스북, 네이버, 다음 카카오, 중국의 바이두 등 전 세계적으로 다양한 마케팅 툴들을 활용할 수 있는 시대가 온 것이다. 디지털 마케팅 시장은 지금까지 이미 큰 성장을 이루었고, 앞으로도 더 커질 가능성이 농후하다. 그럼 이렇게 다양한 디지털 마케팅 툴 중에 구글 디스플레이 광고가 가지는 장점이 무엇일까? 그 이유는 다음의 3가지로 요약할 수 있다.

1) 넓은 도달률

구글 디스플레이 광고(구 GDN)는 단일 매체로서 전 세계 90%의 인터넷 사용자에게 도달이 가능한 유일한 매체이다. 물론 페이스북, 인스타그램 등 세계적으로 영향력이 있는 매체들도 많이 있다. 하지만 하나의 매체로 저렇게 높은 커버리지를 갖는 매체는 구글이 유일하다. 구글 광고 하나만 운영해도 전 세계 300만 개 이상의 앱과 웹사이트에 광고가 게재될 수 있다. 그리고 구글과 제휴한 웹사이트 지면의 숫자는 현재까지도 지속적으로 증가하고 있다.

2) 자유로운 예산 활용

예산 활용에 대한 제한이 없는 것도 큰 장점이다. 하루에 얼마나 예산을 소진할지 광고 운영자가 직접 결정할 수 있다. 하루에 1,000원을 사용해도 되고 백만원을 사용해도 전혀 무리가 없다. 물론 사용하는 예산에 따라 유저에게 광고가 노출되는 정도에는 차이가 생긴다.

3) 고도화된 타겟팅 알고리즘

구글은 전 세계에서 가장 고도화된 유저 타겟팅 기술을 보유한 기업 중 하나이다. 구글의 타겟팅 기술은 현재까지도 지속적으로 발전하고 있다. 국내의 경우, 구글 프리미어 파트너만을 대상으로 진행이 되는 '마당'이라는 자리가 한 달에 한 번 열린다. 이 자리에 가면 지속적으로 업데이트 되는 구글의 최신 광고 기술에 대한 안내를 받을 수 있다. 이 자리에서 알게 되는 광고 시스템의 발전 속도는 놀라울 만큼 빠르다.

4) 다양한 분석 툴과의 연계성

구글은 앞서 배웠던 구글 애널리틱스와 구글 태그 매니저를 비롯하여, 다양한 마케팅 솔루션(구글 옵티마이즈, 데이터 스튜디오 등)을 보유하고 있다. 구글에서 개발한 마케팅 툴간 데이터 연동은 손쉬우면서도 굉장히 안정적이다. 이러한 안정적인 연동은 데이터 수집 및 활용과 관련하여 엄청난 시너지를 낼 수 있다. 이뿐만 아니라 구글이 보유한 제품군만 하더라도 100가지가 넘는다. 세계적으로 다양한 히트 서비스를 출시함으로써 전 세계 많은 유저를 확보하였고, 유저들의 빅데이터를 통하여 다방면으로 빠른 업그레이드가 이루어지고 있다.

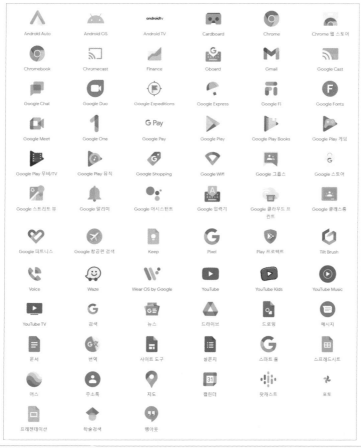

구글의 서비스(일부 발췌)/ 출처 : about google

구글 애즈와 애드센스의 이해

그렇다면 구글 디스플레이 광고는 무엇일까? 구글 디스플레이 광고를 정확하게 이해하려면 구글의 마케팅 툴인 '구글 애즈'와 '애드센스'의 개념부터 알고 넘어가야 한다.

1) 구글 애즈

구글 애즈를 한마디로 정의하자면 광고를 송출하는 구글의 마케팅 툴이다. 구글 애즈의 옛날 이름은 애드워즈(Adwords)이다. 애드워즈는 2000년에, 구글 검색에 텍스트 광고를 게재하기 위해 개발되었다. 이후 애드워즈는 디스플레이 배너 광고를 비롯하여, 유튜브, 구글 플레이 스토어 광고까지 한 번에 운영할 수 있도록 꾸준히 확장을 거듭하였다. 그러다가 2018년 7월에 구글 광고 제품들이 리브랜딩(Rebranding)되면서 구글 애즈(Google Ads)라는 이름으로 변경되었다.

2018년 7월 리브랜딩된 구글 마케팅 제품들 / 출처 : thinkwithgoogle.com

구글 애즈는 현재까지 지속적으로 발전하고 있는 디지털 광고 툴이다. 리브랜딩 발표 당시, 구글이 광고 사업에 대한 비전을 명확하게 발표한 것으로 보아 구글 애즈의 성장은 앞으로도 계속될 것으로 예상된다. 그렇기에 디지털 광고 시장에 있는 담당자라면 꼭 이해해야 할 마케팅 툴 중 하나라고 할 수 있다. 당시 발표 내용을 요약한 구글 사이트 URL을 공유한다.(URL: shorturl.at/fDRV5)

2) 애드센스

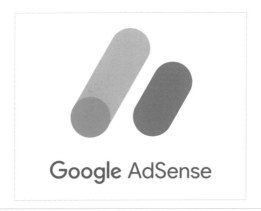

애드센스

　구글은 검색 서비스를 중심으로 성장한 조직이다. 국내의 네이버나 과거 글로벌 검색 점유율 1위였던 야후는 자신의 사이트에 광고를 직접 노출하는 전략으로 수익을 냈다. 하지만 이와 달리 구글은 검색 결과 지면에 직접 광고를 노출하는 방식만을 고수하지 않았다. 다른 사람들이 운영하는 웹사이트나 블로그 채널 중 디지털 공간의 일부를 구글 광고 지면으로 제공하겠다고 합의한 영역으로도 확장해 나갔다. 광고 노출을 합의하고 여기서 발생한 수익을 쉐어하는 프로그램, 이것이 '애드센스'라는 제품이다.

　전 세계의 많은 중소형 사업자들은 구글 애드센스를 통하여 손쉽게 광고 수익을 내고 있다. 이들이 애드센스를 활용하는 이유는 자체적인 광고 플랫폼을 만들 기술력이 부족하거나 광고 플랫폼을 만들었다고 하더라도 광고주 유치를 위한 영업력에 한계가 있기 때문이다. 이렇기에 전 세계의 많은 중소 웹사이트 및 어플리케이션에서 구글 애드센스를 적용하고 있다. 이에 따라 구글의 커버리지는 점점 늘어날 수밖에 없는 구조가 만들어졌다.

　이처럼 '구글 애즈'와 '애드센스'는 시간이 지날수록 더욱 강력해지고 있다. 이에 따라 디지털 마케팅 시장에서는 구글의 플랫폼을 빠르게 이해하고 학습하려는 니즈가 점차 많아지고 있다. 그럼 지금부터 구글 디스플레이 광고가 무엇인지에 대해서 본격적으로 알아보고, 세팅하는 방법까지 차근차근 설명하겠다.

구글 디스플레이 광고

애드센스 부분에서 잠시 언급했듯, 구글은 제휴 매체들의 노출 지면을 이용하여 광고 지면을 확보하고 있다. 구글 디스플레이 광고(구 GDN)는 구글이 직접 운영하는 사이트 및 매체(G메일, 유튜브, 플레이 스토어 등) 외에도 광고를 게재할 수 있는 제휴 사이트들을 포함하는 광고 노출 영역이다. 이 지면들은 단순히 광고만 보여주는 것으로 그치지 않는다. 해당 지면에 방문하는 유저들이 주로 찾는 키워드나 콘텐츠 문맥, 쿠키를 이용한 관심사 정보를 수집하여 구글에게 전달하는 역할도 한다. 이렇게 축적되는 데이터를 바탕으로 유저와 연관된 광고를 보여주는 타겟팅 기술은 현재까지도 지속적인 발전을 이루고 있다. 마케팅 생태계가 구성되면서 '구글 디스플레이 광고'는 시간이 지날수록 더욱 더 강력한 제휴망으로 업그레이드 되고 있다.

인터넷 웹사이트를 돌아다니다 보면 애드센스를 통한 구글 광고를 쉽게 확인할 수 있다. 유명 언론사 홈페이지에서도 많이 보여지는데, 다음 이미지는 YTN 뉴스 사이트에 나타나는 광고 지면이다.

YTN 뉴스 웹사이트 화면

이 화면만 보더라도 다양한 광고가 보여지는데, 각 광고 안에 있는 Info 버튼에 마우스를 올려보면 해당 광고의 출처가 나타난다. 상단에 있는 ⓘ 모양의 Info 버튼을 가진 광고가 바로 구글 애즈에서 송출하는 광고이다.

구글 광고 지면 확인 방법

웹뿐만 아니라 앱 지면에서도 동일한 방식으로 구글 광고를 확인할 수 있다.

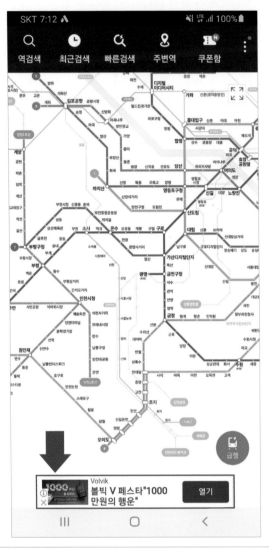

지하철 노선도 어플리케이션 내 나타나는 구글 광고

구글 광고 게재 원리의 이해

그렇다면 이러한 광고는 어떤 원리로 노출이 되는 것일까? 앞서 언급했듯 구글의 매체력은 세계 최고 수준이기에 그만큼 많은 기업들이 자신들의 광고가 노출되길 원한다. 구글 디스플레이 광고는 실시간 입찰 시스템을 적용하여, 경쟁에서 가장 높은 점수를 얻은 광고가 유저에게 노출이 된다. 여기서 경쟁에 의한 순위를 '광고 게재 순위'라고 한다. 광고 게재 순위 안에는 '최대 CPC 입찰가'와 '품질 평가 점수' 라는 두 가지 요소가 있다. 이 두 요소 점수의 곱이 가장 높은 광고가 유저에게 노출된다.

광고	최대 CPC	품질평가점수	두 요소의 곱	순위
A	300	7	2,100	2
B	250	9	2,250	1
C	200	9	1,800	3

광고 게재 순위의 예시

CPC(Cost Per Click)는 클릭당 지불하는 비용이다. 광고 게재 순위에서 말하는 '최대 CPC'는 광고 1회 클릭을 받는 데 최대 얼마까지 지불할 의사가 있는지를 말한다. 최대 CPC를 1,000원이라고 해도 실제 과금 시, 광고 클릭당 1,000원이 지불되는 것이 아니다. 2등 경쟁자의 최대 입찰가보다 10원만큼 더 나가게 되며, 입찰에 참여하는 최대 가격이 1,000원이라는 의미이다. 예를 들어 품질평가점수가 모두 동일하다고 가정할 때 2등 광고의 최대 CPC가 300원이고 1등 광고의 최대 CPC가 400원이라면, 1등의 광고는 310원으로 과금이 된다.

품질평가점수는 구글 광고 시스템의 평가 요소로, 유저에게 얼마나 유용한 광고를 내보내는지를 평가한다. 주요 평가 요소로는 클릭률, 광고 관련성, 방문 페이지의 품질이 있다. 이외에도 점수에 반영되는 다양한 요소들이 있다. 점수는 1~10점으로 산정이 되는데, 높은 점수를 받을 수 있는 핵심 요소는 클릭률과 방문 페이지의 품질이다.

1) 클릭률

예상 클릭률은 클릭에 영향을 주는 추가적인 외부 요인을 배제하고 광고가 게재되었을 때 해당 광고가 클릭될 가능성을 뜻한다. 광고 계정의 이전 실적을 토대로 점수를 주기 때문에 좋은 실적(클릭률)을 유지하는 것이 중요하다. 처음 광고를 진행하는 경우, 광고 노출에 따른 반응률이 즉각적으로 집계되어 점수에 반영된다. 클릭률 수치는 절대적으로 높은 것도 중요하지만 상대적인 클릭률이 더 중요하다. 예를 들어 같은 YTN 뉴스 지면에 게재되는 광고들 중 상대적으로 높은 클릭률을 기록하는 광고에 더 높은 점수를 준다.

2) 방문페이지의 품질

방문페이지의 품질은 로딩 시간과 사용 편의성, 사이트 내 거짓 정보의 유무, 광고 문구 연관성이 종합적으로 포함된다. 로딩 시간은 얼마나 각각의 디바이스에 최적화되었는지에 대해 평가한다. 구글에 'PageSpeed Insights'를 검색하면 웹페이지의 로딩 속도를 체크할 수 있다.

구글 PageSpeed Insights

또한 유저가 원하는 정보를 제공하는 페이지를 방문페이지로 설정해야 한다. 예를 들어 화장품이라는 방문 페이지에 랜딩시키려는데, 광고 소재가 금융 관련 이미지라면 유저들은 필요한 정보가 없기에 금방 이탈을 하게 될 것이다. 유저에게 적합한 정보를 제공하여 클릭률과 페이지의 성과를 종합적으로 높여야 좋은 품질평가점수를 받을 수 있다.

높은 품질평가점수를 받는 방법은 높은 클릭률을 받고 페이지 내에서 좋은 성과를 내는 것이다. 광고적인 측면에서 보았을 때, 우리는 높은 클릭률을 받는 데 집중해야 한다. 그렇기에 구글 디지털 광고를 운영함에 있어서 소재별, 타겟팅별, 기기별 등 꾸준한 테스트를 진행하면서 우리에게 최적화된 카테고리를 찾아야 한다.

🖋 구글 디스플레이 광고 세팅 🖋

구글 애즈 계정 생성

구글 애널리틱스 및 태그 매니저와 마찬가지로, 구글 디스플레이 광고를 진행하려면 구글 계정이 반드시 필요하다. 구글 계정으로 로그인하고 구글 애즈 페이지로 접속해보자. 구글에서 '구글 애즈'를 검색하거나 ads.google.com 주소로 접속하면 된다.

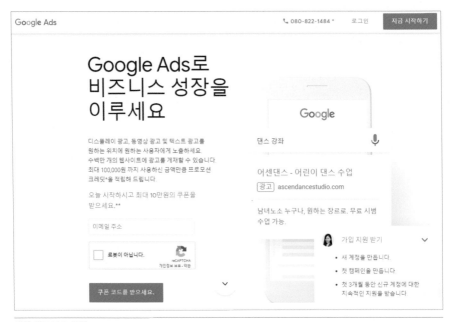

구글 애즈 접속 화면

구글 아이디로 로그인하면 다음의 이미지와 같이 광고 목표를 지정하라는 메시지가 나타난다. 여기서 목표를 지정해도 좋지만, 목표를 지정하면 지정한 목표에 권장하는 옵션만 선택할 수 있다. 이러면 추후 최적화를 하는 데 제한이 있을 수 있다. 모든 옵션을 자유롭게 선택할 수 있도록 화면 하단의 '전문가 모드로 전환'을 클릭한다.

구글 애즈 내 '전문가 모드로 전환' 클릭

'전문가 모드로 전환'을 클릭하면 어떤 목적으로 캠페인을 생성할 것인지에 대한 선택창이 나타난다. 여기에서 왼쪽 하단에 작은 글씨로 써있는 '캠페인 없이 계정 만들기'를 클릭하자.

구글 애즈 내 '캠페인 없이 계정 만들기' 클릭

그러면 계정에 대한 기본적인 세팅을 확인하는 창이 나타난다. 청구서 수신 국가, 계정의 시간대, 통화를 확인하고 이상이 없다면 '제출' 버튼을 클릭한다.

구글 애즈 내 계정 정보 확인

제출을 누르면 모든 절차를 완료하였다는 메시지가 나타난다. 중간에 '계정 탐색' 버튼을 클릭하면, 캠페인 세팅에 대한 준비는 모두 완료된다.

계정 생성이 완료된 구글 애즈 화면

구글 애즈 광고비 충전

이제 다음 차례는 생성된 구글 애즈 계정에서 사용할 광고비를 세팅하는 것이다. 광고비를 충전하지 않아도 광고 세팅은 가능하다. 하지만 실제 광고 라이브를 위해서는 필수적으로 진행하여야 하는 과정이니 미리 숙지해두자. 광고비를 사용하는 방식은 수동 결제 방식과 자동 결제 방식으로 나뉜다. 수동 결제 방식은 선불 방식으로 사용할 광고 예산을 먼저 충전해 놓고 충전된 금액을 모두 사용하면 자동으로 광고가 종료되게 하는 방식이다. 추가로 광고를 이어 나가기 위해서는 재충전을 하면 된다. 이와 달리 자동 결제 방식은 후불식이다. 카드 정보를 구글 계정 내에 연동해 놓고 필요한 만큼 광고비를 먼저 사용한다. 청구 기준액에 도달하거나 자동 결제일이 되면 둘 중 더 이른 날짜에 비용이 카드사로 자동 청구된다.

계정에 카드를 등록하는 방법을 알아보자. 먼저 계정 상단 오른쪽에 ❶ '도구 및 설정' 버튼을 클릭한다. 그러면 결제, 설정, 측정 등 다양한 선택 옵션이 나타나는데, 여기에서 가장 오른쪽에 위치한 결제 메뉴 내 ❷ '설정'을 클릭한다.

구글 애즈 내 '결제 설정' 버튼 클릭

결제 설정을 클릭하면 결제 설정 창이 나타난다. 여기서 청구서 수신 국가가 올바르게 들어갔는지 확인한다. 그 후 결제 옵션을 수동 결제(선불 방식)로 할 것인지 자동 결제(후불 방식)로 할 것인지를 선택하면 된다. 그리고 아래에 있는 결제 금액을 입력하도록 하자.

결제 옵션 선택

그리고 하단에 구글이 요청하는 부가 정보들을 입력하고 '제출' 버튼을 클릭하면 광고 예산 충전이 완료된다.

결제를 위한 추가 정보 입력

구글 디스플레이 광고의 캠페인 구조

구글 디스플레이 광고는 크게 캠페인, 광고그룹, 광고 3가지 단계로 구성된다. 단계별로 세팅할 수 있는 요소들도 다르다. 다음 그림을 통하여 알아보자.

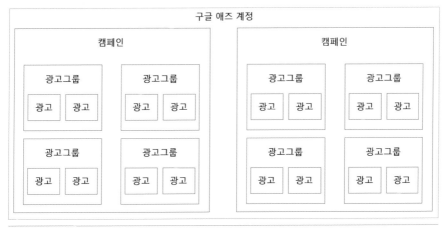

구글 디스플레이 캠페인 구성

1) 구글 애즈 계정

구글 애즈 계정은 구글 디스플레이 광고에서의 최상위 개념이다. 구글 애즈에서는 구글 디스플레이 광고뿐만 아니라 동영상 광고 캠페인, 앱 캠페인, 검색광고 캠페인 등 구글에서 제공하는 모든 광고 세팅이 가능하다. 구글 애즈 계정에서는 캠페인의 목적 및 유형을 규정할 수 있으며, 계정 전체에서 사용할 예산을 정한다.

2) 캠페인

캠페인은 광고를 생성하는 첫 번째 세팅 단계이다. 캠페인은 구글 애즈 내에서 목적별로 여러 개를 생성하여 운영할 수 있는데, 가장 중요한 설정은 캠페인당 사용할 예산이다. 사용할 예산을 설정할 때는 하루에 얼마를 사용할지 아니면 특정 기간 동안 총 얼마로 사용할지를 정할 수 있다. 여기서의 예산은 구글 계정의 예산 안에서 통제를 받는다. 구글 계정에서 예산을 100만원으로 충전하였는데, 구글 캠페인 예산을 200만원을 사용하게 세팅하였다면 100만원까지만 소진이 된다. 예산 외에도 광고의 운영 기간 및 입찰 전략을 설정할 수 있으며, 요일별, 시간별 일정도 세팅이 가능하다. 그리고 언어 타겟팅, 위치 타겟팅, 기기 타겟팅도 캠페인 단위에서 컨트롤할 수 있다.

3) 광고그룹

캠페인 하위에 광고그룹이 있다. 광고그룹에서는 실질적으로 어떤 유저를 타겟팅할 것인지, 입찰가를 최대 얼마로 설정할 것인지 정할 수 있다. 캠페인과 마찬가지로 한 캠페인 밑에 여러 개의 광고그룹으로 세팅할 수 있어 각 광고그룹마다 설정을 다르게 하여 효율을 측정할 수 있다.

4) 광고

광고는 우리 눈에 보이는 소재를 의미한다. 광고는 각 광고그룹 내에서 세팅할 수 있다. 구글 디스플레이에 필요한 대표적인 광고 소재는 이미지이다. 그리고 인터넷에서 이미지를 보고 클릭을 하면 어떤 사이트로 이동시킬 것인지도 세팅해야 한다. 따라서 랜딩 URL도 필수적으로 들어가야 한다. 광고를 클릭했는데 아무 일도 나타나지 않으면 안되니까 말이다. (캠페인을 세팅할 때 다시 언급하겠지만) 이미지형 소재로 세팅할 것인지, 반응형 소재로 세팅할 것인지에 대해서도 광고 단계에서 결정할 수 있다.

구글 애즈 계정	캠페인	광고그룹	광고
캠페인 유형 실제 활용 예산	예산(일예산, 총예산) 광고 기간 입찰전략 언어 위치 기기 게재빈도 광고 일정(요일, 시간)	타겟팅 입찰가	광고 소재 소재 속성(이미지형, 반응형) 랜딩 URL 광고이름

구성 단계별 세팅 요소

구글 디스플레이 광고의 캠페인 세팅

그럼 본격적으로 구글 디스플레이 광고 캠페인을 어떻게 세팅하는지 알아보자.
먼저 구글 애즈 메인 화면으로 들어온다. 오른쪽에 메뉴바가 있는데 '캠페인'을 클
릭한다.

구글 디스플레이 광고 세팅_캠페인 클릭

캠페인 창에 들어온 후, 파란색 '+' 버튼을 누르면, '새 캠페인'과 '캠페인 설정 로
드' 선택지가 나온다. 여기에서 '새 캠페인'을 클릭한다.

구글 디스플레이 광고 세팅_새 캠페인 버튼 클릭

새 캠페인 버튼을 누르면, 어떤 목표의 캠페인을 만들 것인지에 대한 다양한 목표
중 하나를 선택해야 한다. 각 목표를 클릭하면 목표 달성에 최적화된 캠페인 유형만
선택할 수 있고, 캠페인 내에서도 목적에 맞는 입찰방법과 광고 상품만 나타난다.
우리는 '목표에 따른 안내 없이 캠페인 만들기'로 진행할것이다. 다만 구글에서 각
목표가 어떤 목적으로 운용하기 위해 만들어졌는지 참고하도록 하자.

구글 디스플레이 광고 세팅_목표 선택

1) 판매

- **사용 목적**: 제품 구매 의사가 있는 유저에게서 구매 또는 전환을 유도하거나 이미 방문을 한 경험이 있는 유저들 대상으로 참여를 유도하고자 할 때
- **선택 가능 캠페인 유형**: 검색, 디스플레이, 쇼핑, 동영상, Smart

2) 리드

- **사용 목적**: 관련 유저에게 뉴스레터에 가입하거나 연락처 정보를 제공하는 등 제품 및 서비스에 관심을 표현하도록 유도하고 싶은 경우
- **선택 가능 캠페인 유형**: 검색, 디스플레이, 쇼핑, 동영상, Smart

3) 웹사이트 트래픽

- **사용 목적**: 잠재고객들로 하여금 웹사이트에 방문 유도하고자 할 때
- **선택 가능 캠페인 유형**: 검색, 디스플레이, 쇼핑, 동영상

4) 제품 및 브랜드 구매 고려도

- **사용 목적**: 제공하는 제품과 서비스를 고객이 살펴보도록 장려할 때, 제품 또는 서비스의 차별화된 특징을 고객에게 인식시키고자 할 때
- **선택 가능 캠페인 유형**: 디스플레이, 동영상

5) 브랜드 인지도 및 도달범위

- **사용 목적**: 제품 또는 서비스의 인지도를 높이고 싶을 때, 고객에게 신제품 출시나 신규 사업 분야에 대해 소개하고자 할 때
- **선택 가능 캠페인 유형**: 디스플레이, 동영상

6) 앱 프로모션

- **사용 목적**: 자동 캠페인으로 Google 검색 네트워크, 디스플레이 네트워크, Google Play 등의 앱, YouTube에 광고를 게재하여 앱 설치와 참여를 유도할 때
- **선택 가능 캠페인 유형**: 앱

7) 목표에 따른 안내 없이 캠페인 만들기

- **사용 목적**: 목표에 따른 선택 제약 없이 자유롭게 세팅하고자 할 때
- **선택 가능 캠페인 유형**: 검색, 디스플레이, 쇼핑, 동영상, Smart

'목표에 따른 안내 없이 캠페인 만들기'를 클릭하면 다음과 같이 캠페인 유형을 선택 화면이 나타난다. 여기서 '디스플레이'를 선택한다.

캠페인 유형 선택

디스플레이를 선택하면, 표준 디스플레이 캠페인과 Gmail 캠페인 선택지가 나타난다. 표준 디스플레이 캠페인은 구글 디스플레이 광고의 웹 및 앱 지면에 노출하는 영역이다. Gmail 캠페인은 Gmail 내에 광고가 노출되는 상품으로 받은 편지함에서 프로모션에 노출이 되는 광고이다.

캠페인 하위 유형 선택

Gmail 광고 예시

　　표준 디스플레이 캠페인을 선택하고, 비즈니스 웹사이트 입력란에 랜딩 페이지로 활용할 사이트 URL을 넣는다. 비즈니스 웹사이트 URL은 필수 기입 요소는 아니지만, 넣게 되면 구글이 웹사이트의 정보를 크롤링하여 관심사, 문맥 등 타겟팅을 세팅할 때 유용한 제안을 해주어 편리하다.

　　캠페인 하위 유형 선택까지 끝났으면, 캠페인의 각 요소를 어떻게 세팅하여야 하는지 알아보자. 캠페인에서 세팅해야 하는 요소는 위치, 언어, 입찰전략, 예산 등 10여 가지가 있는데 이들을 하나하나 알아보겠다.

캠페인 이름	캠페인의 이름을 입력하세요.	∧
위치	대한민국(국가)	∨
언어	한국어 및 영어	∨
입찰	CPC(향상된 입찰기능)	∨
예산	₩0/일	∨
광고 순환게재	최적화: 실적이 우수한 광고를 선호	∨
광고 일정	종일	∨
시작일 및 종료일	시작일: 2020년 1월 12일 종료일: 미설정	∨
기기	모든 기기에 표시	∨
게재빈도 설정	Google Ads에서 광고 게재 횟수를 최적화하도록 허용(권장)	∨
캠페인 URL 옵션	설정된 옵션 없음	∨
동적 광고	데이터 피드 없음	∨
전환	계정에서 내게 중요한 액션을 추적하도록 전환추적 설정	∨
콘텐츠 제외	모든 콘텐츠 광고 게재	∨

캠페인 세팅 구성요소

1) 캠페인 이름

캠페인 이름은 추후 캠페인을 운영하면서 캠페인별 성과를 한눈에 알아볼 수 있도록 세팅하는 것을 권장한다. 상품별, 타겟팅별, 기기별 등 세팅한 요소들을 이름으로 정리하는 것이 추후 보고서를 보기에도 좋다.

캠페인 이름 설정 예시

2) 위치

위치는 광고를 노출할 유저의 타겟 지역이다. 유저의 위치를 파악하는 방법은 관심사적 위치와 물리적 위치에 따라 두 가지로 나뉜다. 관심사적 위치는 유저가 인터넷에서 최근에 검색한 키워드, 이전 위치 기록, 구글 지도 검색 등의 데이터로 판단한다. 물리적 위치의 경우, 기기의 IP 주소가 기본이 된다. 기기가 접속한 와이파이 네트워크의 IP 주소, 이동통신사의 IP 주소, GPS 신호, 블루투스 시그널 등 다양한 시그널로 물리적 위치를 파악한다.

'위치 옵션'을 클릭하면 '관심을 보이는 사용자(관심사적 위치)'와 '타겟 위치를 자주 방문하는 사용자(물리적 위치)'가 나타난다. 실제 해당 위치에 있는 사람만을 타겟팅하고 싶다면 자주 방문하는 사용자 옵션을 선택하는 것이 좋다.

위치 타겟팅

이미지 중간에 있는 '고급 검색'을 클릭해 보자. 고급 검색에서는 '위치'와 '반지름' 두 가지 옵션을 선택할 수 있다. '위치' 선택지에서는 타겟팅할 위치를 국가단위 또는 도시단위로 지정할 수 있다. '반지름'을 클릭하면 디테일한 주소를 입력하고 주소지로부터 얼마나 떨어진 반경까지 타겟팅할 것인지 정할 수 있다. 예시로 우리나라 '경복궁' 주소인 '서울시 종로구 세종로 사직로 161'을 검색한 후 반경 5km를 선택하면, 다음과 같이 타겟팅 반경이 직관적으로 표시된다.

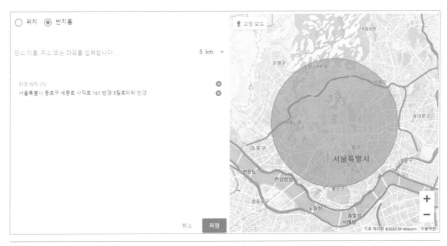

위치 타겟팅_고급 타겟팅

반경으로 너무 좁게 잡으면 광고가 제대로 노출이 되지 않는다. 최소 도시단위 이상으로 타겟팅할 것을 권장한다.

위치 타겟팅을 활용하면 구글이 들어가 있는 전 세계 모든 지역을 디테일하게 타겟팅할 수 있다. 한 자리에서 글로벌 광고를 운영할 수 있다는 것도 구글 광고의 큰 장점 중 하나이다.

3) 언어

어떤 언어를 사용하는 유저들에게 광고를 노출할지를 선택한다. 구글 디스플레이 네트워크에서 사용자가 현재 보고 있거나 최근에 본 페이지(또는 앱)의 언어를 식별해 유저가 사용하는 언어는 무엇인지 파악한다. 또한 크롬이나 행아웃 등 구글에서 제공하는 플랫폼에서 세팅되어 있는 언어도 분석 요소 중 하나이다. 언어를 한국어로 세팅한다면, 한국어 콘텐츠를 많이 보거나 구글 관련 서비스의 기본 언어가 한국어로 설정되어 있는 유저에게 광고가 노출된다.

4) 입찰

입찰은 캠페인이 어떤 전략으로 입찰에 참여할지를 선택하는 요소이다. 원하는 입찰 전략을 선택하려면 이렇게 한다. 우선 다음의 이미지가 나타나면 화면 하단의 '또는 입찰 전략 직접 선택'을 선택한다.

입찰 전략 선택 방법

그러면 입찰 전략으로 여러 가지 선택지가 나타나는데 여기에서 원하는 방식의 옵션을 선택할 수 있다.

구글 애즈 입찰 전략

구글 애즈에서는 총 6가지 입찰 전략을 선택할 수 있다. 각각 어떤 알고리즘으로 움직이는지 알아보자.

- **타겟 CPA**

CPA는 Cost Per Action의 약자로, 특정 행동(action)을 했을 때 비용을 지불한다는 의미이다. 타겟 CPA는 '목표하는 행동당 발생하는 비용'을 의미한다. 설정한 타겟 CPA 이하에서 최대한 많은 전환이 발생하도록 하는 입찰 방식이라고 이해하면 쉽다. 실제 비용은 클릭 또는 전환당 지불이 되게끔 선택할 수 있으며, 전환 설정이 반드시 필요하다.

- **타겟 광고 투자수익(ROAS)**

설정한 타겟 광고 투자수익에 맞춰 자동으로 입찰가를 최적화하는 기능이다. 세팅된 타겟 광고 투자수익(ROAS) 수준에서 전환 가치 또는 수익을 극대화하는 목적으로 운영된다. 이 전략을 제대로 사용하려면 구글 애즈 계정 내에 전환과 전환의 가치가 필수적으로 설정되어야 한다.

- **클릭수 최대화**

예산 내에서 최대한 많은 클릭이 발생하도록 입찰가를 설정하는 자동 입찰 전략이다. 최대한 저렴한 단가에 경쟁자가 없는 지면에서 클릭을 획득할 수 있게끔 도와준다. 세팅 시 최대 입찰가 한도를 설정하여야 과도한 CPC 상승을 예방할 수 있다.

- **전환수 최대화**

캠페인에서 가장 많은 전환이 발생하는 방향으로 입찰가가 자동으로 설정된다. 전환 설정이 필요하며, 최대 전환당 비용을 세팅하여 안전하게 예산이 운영되도록 해야 한다.

- **조회가능 CPM**

CPM은 Cost Per Miles의 약자로 1,000회 노출당 비용이라는 뜻이다. 즉 조회가능 CPM 입찰전략은 광고 노출에 초점을 맞춘 전략이다. 디스플레이 광고는 1초 이상 광고의 50%가 화면에 노출된 경우에만 '조회 가능한 광고'로 카운팅된다. 주로 클릭보다는 최대한 많이 배너를 노출하여 브랜딩을 원하는 경우에 쓰인다.

- **수동 CPC**

수동 CPC는 입찰가를 조정하는 광고그룹에서 사용자가 자유롭게 입찰가를 세팅하는 방법이다. 캠페인을 운영하면서 직관적으로 타겟팅별, 기기별 등 자신이 나눠 놓은 광고그룹별로 입찰가를 다르게 세팅하며 성과를 분석할 수 있다.

수동 CPC에서는 '향상된 CPC'라는 옵션을 선택할 수 있다. 이 옵션은 전환수 최대화 또는 전환 가치 극대화를 위해 구글에게 CPC를 자동으로 조정하는 권한을 주는 입찰 전략이다. 이 옵션을 선택하면 설정해 놓은 최대 CPC 값보다 높은 비용으로 과금이 될 수 있으니 주의하자.

5) 예산

구글 애즈에서 일예산은 하루에 얼마를 지출할지를 설정하는 옵션이다. 만약 만원을 설정하였다면 매일 만원씩 나가는 것이 일반적인데, 간혹 노출의 상황에 따라 일예산의 최대 2배까지 초과 소진될 수 있다. 초과된 비용은 트래픽이 적은 날에 상쇄 처리된다. 예를 들어 평일에 광고 노출이 조금씩 덜 되다가 트래픽이 높은 주말에 많이 몰아서 한 번에 노출하는 격이다. 그래서 사용되는 예산은 조금씩 달라질 수 있으나, 계정 단계의 총 예산은 절대 초과하지 않는다. 그리고 처음 세팅할 때 입찰가를 과도하게 높이 잡아 놓으면 광고가 라이브되자마자 빠르게 예산이 소진될 수도 있다. 처음 구글 애즈 캠페인을 세팅하면 입찰가와 일예산을 보수적으로 잡고 소진 추이를 보면서 수치를 조정해야 안전하게 예산을 관리할 수 있다.

구글 애즈 예산 세팅

게재 방법에는 '표준'과 '빠른 게재'가 있다. 표준 게재는 모든 캠페인의 기본 설정으로, 예산을 시간대별로 트래픽에 맞게 분산하여 지출하는 방식이다. 대부분의 캠페인 운영자들에게 권장되는 옵션이다. 하루 중 트래픽이 적은 시간대에는 균등한 수준 안에서 적게 지출을 하고, 반대로 트래픽이 많은 시간대에는 보다 많은 광고를 노출한다. 빠른 게재는 최대한 빠르게 예산을 소진시키는 게재 방법이다. 하루 예산을 정해진 입찰가 내에서 공격적으로 입찰하여 예산을 빠르게 소진시킨다. 소진이 완료되면 그 날 광고는 더 이상 노출되지 않는다. 다음날 00시부터 새로운 일예산으로 재노출이 된다.

6) 광고 순환 게재

광고그룹 안에 들어있는 다양한 소재들을 어떤 전략으로 운영할지 결정하는 옵션이다. 배너 소재들은 이미지 사이즈나 디자인이 다를 수밖에 없기 때문에 상대적으로 성과가 좋은 광고와 부족한 광고가 생긴다. 여기에서 성과가 좋은 광고에게만 중점적으로 노출의 기회를 많이 주는 방법이 광고 순환 게재 중 '최적화' 옵션이다. 성과에 관계 없이 모든 소재에 균등하게 노출 기회를 주고 싶다면 '최적화 사용 안함'을 선택하면 된다.

◉ 최적화: 실적이 우수한 광고를 선호
○ 최적화 사용 안함: 무제한 로테이션
○ 전환 최적화(지원되지 않음)
○ 균등 로테이션(지원되지 않음)

광고 순환 게재 옵션

7) 광고 일정

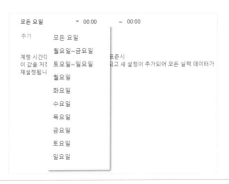

광고 일정

광고를 노출할 요일과 시간을 선택하는 옵션이다. 모든 요일, 주중, 주말, 특정 요일을 자유롭게 선택할 수 있다. 시간대 옵션에서는 00시부터 24시까지 15분 단위로 세팅을 할 수 있어, 원하는 광고의 목적에 맞게 미리 스케줄링을 할 수 있다. 이 옵션을 활용하여 주중과 주말에 다른 메시지를 담은 소재를 운영할 수도 있고, 요일 단위로 캠페인을 나누어 일예산을 각기 다르게 세팅할 수도 있다. 뿐만 아니라 아침 시간 혹은 저녁 시간 등 특정 시간에만 광고를 노출시키는 것도 가능하다.

8) 시작일 및 종료일

캠페인의 시작일과 종료일을 설정할 수 있다. 구글 애즈에서 광고를 세팅하면 소재를 검수받는 데 시간이 필요하다. 이 기능을 활용하여 소재를 미리 검수를 넣어두고 시작일을 원하는 미래 날짜로 세팅하면, 소재가 먼저 검수가 되어도 안전하게 원하는 일정에 노출할 수 있다. 물론 종료일도 마찬가지이다.

시작일 종료일 세팅

9) 기기

기기 타겟팅은 제한 없이 모든 기기를 타겟팅하는 방법과 컴퓨터, 데스크탑, 태블릿 등 원하는 기기만 타겟팅하는 옵션이 있다. 뿐만 아니라 운영체제별, 기기모델별, 네트워크 기준으로도 선택할 수 있다.

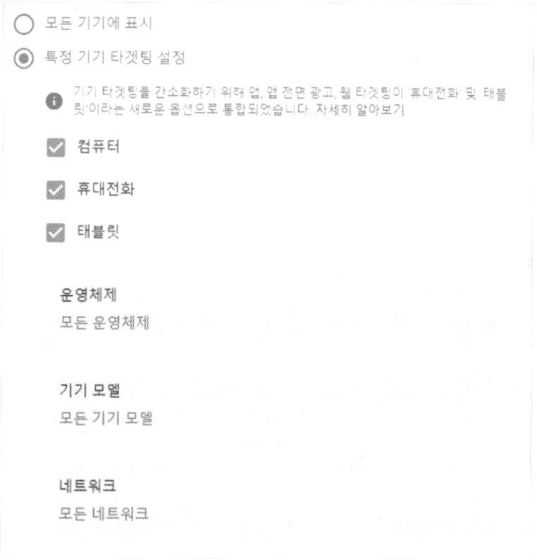

기기 타겟팅

    캠페인을 운영할 때, PC와 모바일은 특별한 이유가 없으면 분리하여 세팅하는 것을 권장한다. 그 이유는 입찰가 관리에 매우 효과적이기 때문이다. '모든 기기'로 캠페인을 운영하는 경우, 스마트폰의 사용량이 많은 우리나라에서는 대부분의 예산이 '휴대전화' 쪽으로 빠져나가게 된다. 만약 PC나 태블릿 쪽으로도 일정 수준의 예산을 할당하고 싶다면 기기 타겟팅에서 PC와 모바일을 나누어 세팅해야 안정적으로 예산을 운영할 수 있다. 운영체제도 안드로이드 사용 유저와 애플 유저를 나누어 캠페인을 진행하여야 할 때 꼭 필요한 옵션이다.

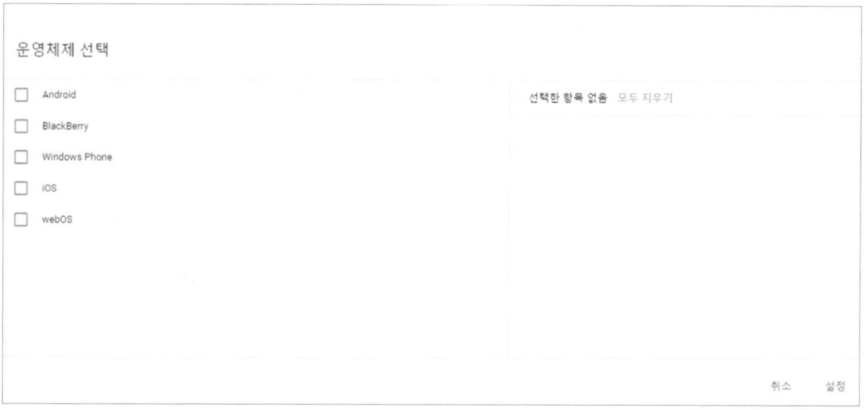

운영체제 선택

기기모델의 경우, 최신 휴대폰을 사용하는 유저를 타겟팅하거나 특정 OS 이상의 휴대폰만 타겟팅하여야 할 때에 주로 사용된다.

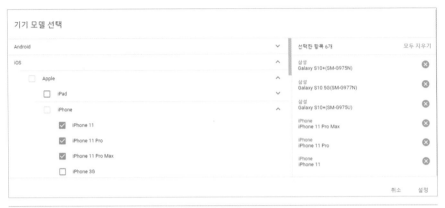

기기 선택

네트워크는 통신사를 타겟팅하는 방법이다. 국내로 예를 들어보겠다. SKT가 신규 고객을 확보하는 프로모션을 한다고 할 때, 굳이 자사 고객에게 예산을 활용할 필요는 없을 것이다. 이럴 때는 타사 네트워크 고객에게만 광고를 노출하면 된다. 추가 옵션으로 와이파이에 연결된 유저에게만 광고를 노출시키고 싶을 때도 네트워크 옵션을 활용하자.

네트워크 선택

네트워크 선택	
☐ Wi-Fi	선택한 항목 없음
☐ 대한민국 ⌄	
☐ KT	
☐ LGU	
☐ SKT	
	취소 설정

네트워크 선택

10) 게재빈도 설정

광고가 노출되는 횟수를 제한하는 기능이다. 기본값은 구글 애즈에서 알아서 최적화하도록 세팅되어 있다. 하지만 광고 예산이 제한적이거나 광고가 너무 자주 노출되어 유저의 피로도가 쌓이는 경우를 우려한다면 게재빈도를 제한하는 것도 좋다.

게재빈도 설정

게재빈도는 캠페인, 광고그룹, 광고 단위로 구분할 수 있으며 일별, 주별, 월별로 최대 노출 횟수를 입력할 수 있다.

11) 콘텐츠 제외

구글 광고의 경우 유저의 관심사를 기반으로 타겟팅을 하는 경우가 굉장히 많다. 즉, 유저가 어떤 콘텐츠를 보든 관계 없이 관심사로 타겟팅된 유저에게 광고가 노출된다는 의미이다. 그렇기 때문에 브랜드가 원치 않는 지면에 광고가 노출되는 경우가 종종 발생한다. 실제로 2017년 3월에 월마트 광고가 특정 유튜브 영상 앞에 게재된 화면이 문제가 되면서 곤란을 겪은 적이 있었다.

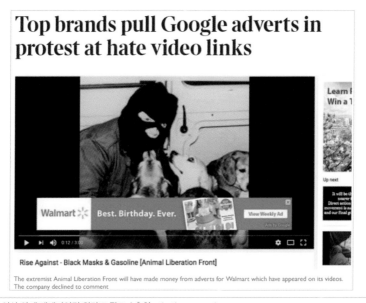

극단주의 영상 앞에 게재되었던 월마트 광고 / 출처 : thetimes.co.uk

이렇게 자신의 광고가 노출되지 않기를 원하는 지면이 있다면, '콘텐츠 제외' 기능을 이용하여 사전에 예방할 수 있다. 하지만 100% 제외하기는 기술적으로 불가능하기에 완벽한 제외를 위해서라면 광고 게재 지면 리포트를 확인하며 지속적으로 제외처리를 진행해야 한다. '특정 콘텐츠 제외' 외에도 자주 사용하는 옵션 중 하나는 '스크롤해야 볼 수 있는 부분'이다. 이 옵션을 선택하면 웹페이지가 로딩이 되었을 때 바로 보이는 지면에만 광고가 노출된다. 국내 대다수 웹사이트들 대부분은 페이지의 하단 영역에 많은 광고지면을 세팅하여 유저가 보았을 때 번잡하게 느끼는 경우가 많다. 이런 지면에 광고가 노출되는 것을 원하지 않는다면 이 옵션을 꼭 선택하자.

콘텐츠 제외

구글 디스플레이 광고의 광고그룹 세팅

광고그룹은 어떤 고객에게 노출할 것인지에 대한 타겟팅 및 입찰가를 세팅하는 단계이다. 각 세팅 메뉴에 대한 의미를 파악하고 어떻게 적용하는지 알아보자.

광고그룹의 구성

1) 광고그룹 이름

광고그룹 이름은 캠페인 네이밍과 마찬가지로 어떤 세팅이 적용되는지 한눈에 알 수 있도록 작성하는 것이 좋다. 주로 타겟팅이나 사용하는 소재를 시리즈별로 구분한다.

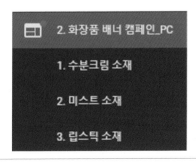

광고그룹 이름 구분 예시

2) 잠재고객

잠재고객은 특정 관심사를 가지고 있거나 구매 의도를 가진 유저를 타겟팅하는 방식이다. 잠재고객 관심사는 로그인 기반 유저의 정보나 브라우저 내 저장되어 있는 쿠키의 행동 패턴을 기반으로 어느 곳에 관심과 구매의도가 있는지 파악한다. 이렇게 파악된 관심사를 구글 애즈에서 선택하면, 선택된 잠재고객에 해당 유저가 어떤 콘텐츠를 보든 상관없이 그 유저의 관심사 관련 광고가 노출된다.

잠재고객 타겟팅 분류

잠재고객은 4개의 세부 타겟팅으로 나눠진다. '확장 인구통계 정보'는 자녀 유무, 결혼 여부, 교육, 주택 소유 여부를 선택하여 타겟팅을 할 수 있다. '관심분야 및 습관 정보'는 유저의 관심사를 파악하여 타겟팅하는 방식이다. 유저들이 어떤 콘텐츠를 소비하였고, 어떤 앱들을 설치하였는지 등을 종합적으로 파악하여 분류한다. '시장조사 또는 구매 계획 정보'는 관련하여 구매 의도가 있는 유저들을 타겟팅한다. '구매의도' 타겟팅이라고도 하는데, 최근에 구글 검색 엔진에서 관련 키워드를 검색한 유저를 타겟팅하는 방식이다. 예를 들어 화장품 구매의도 타겟팅을 선택했다면 최근에 화장품과 관련된 키워드를 구글에서 검색해본 유저들에게 광고가 노출된다. '비즈니스와 상호작용한 방식'은 추후에 알아볼 리마케팅과 리마케팅의 유사유저를 타겟팅한다.

그럼 관심사에서 선택할 수 있는 이 4가지 큰 타겟팅을 하나씩 살펴보자.

- **확장 인구통계 정보**

보다 깊이 있는 인구통계에서 타겟팅을 적용할 때 활용한다. 현업에서 주로 활용하는 카테고리는 '자녀 유무'이다. 구글에서는 만 18세 이하 연령의 유저를 직접적으로 타겟팅할 수 없다. 하지만 자녀 유무 메뉴에서는 자녀를 가진 부모를 타겟팅할 수 있는데, 자녀의 연령대별로 구분하여 선택할 수 있다.

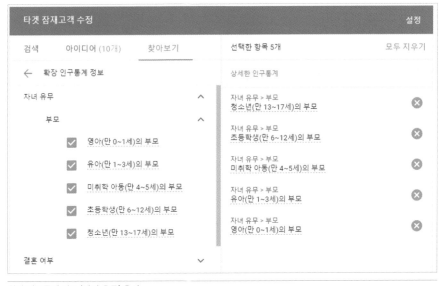

확장 인구통계 정보 '자녀 유무' 옵션

이 타겟팅을 통하여 영유아나 청소년 자녀를 가진 부모를 타겟팅하여 제품 구매를 유도할 수 있다.

- **관심분야 및 습관 정보**

구글에서는 유저의 웹사이트 행동 패턴을 파악하여 각각의 관심사를 분류한다. 이렇게 분류한 관심사 항목은 총 100개가 넘는다. 이 목록은 현재까지도 조금씩 업데이트되는 중이다.

관심분야 및 습관 정보

    구글에서 나눠 놓은 목록에서만 선택하는 것이 전부가 아니다. 나에게 맞는 '맞춤 관심분야 잠재고객'도 이 안에서 생성할 수 있다. 관심사 목록 하단에 '맞춤 관심분야 잠재고객' 버튼을 누르자. 그러면 다음과 같이 맞춤 잠재고객을 만들어 타겟팅할 수 있다.

맞춤 잠재고객

맞춤 잠재고객에서는 내가 원하는 관심분야, URL, 장소, 앱으로 카테고리를 구분한다. 이 4가지 요소를 따로따로 활용해도 되고 동시에 적용해도 된다. 그럼 각 요소가 어떤 알고리즘으로 움직이는지 알아보자. 우선 '관심분야'는 입력한 키워드에 관심도가 있는 유저들을 타겟팅하는 방식이다. 'URL'도 원리는 비슷하다. 우리 타겟 유저가 관심을 보일만한 웹사이트 URL을 입력하면, 해당 URL을 입력했을 때 나타나는 웹사이트 내 키워드들을 구글이 크롤링한다. 그래서 URL에 있는 키워드와 콘텐츠를 분석하여 이에 대해 관심이 있는 유저에게 광고를 송출시킨다. 원하는 관심분야 키워드나 URL을 입력하고 나면, 이에 대한 예상치와 상위 주제가 나타나는 것을 확인할 수 있다.

맞춤 관심분야 잠재고객_관심분야, URL 세팅 시 시뮬레이션

스마트폰을 가지고 관광지를 다녀왔을 때, 구글에서 내가 방문한 장소를 귀신같이 알고 리뷰를 해달라는 알림을 본 독자들이 있을 것이다. 이는 구글 지도에 등록된 장소이기 때문이다. 이런 '장소'를 방문하였을 때마다 각 유저가 어떤 카테고리의 장소를 자주 방문하는지에 대한 정보가 구글에 수집된다. 이 정보를 바탕으로 특정 카테고리의 장소를 자주 방문하는 유저들을 타겟팅할 수 있다. 예를 들어 대학생들을 타겟팅하고 싶은 경우, 구글 지도에 대학교로 등록이 된 장소를 자주 방문하는 유저들을 직접적으로 타겟팅하는 것이다.

맞춤 잠재고객 세팅_장소 예시

'앱' 타겟팅은 '구글 플레이 스토어' 데이터를 기반으로 활용된다. 앱 이름이나 카테고리를 검색하면 플레이 스토어에 등록된 앱을 선택할 수 있다. 앱을 선택하면 해당 앱을 설치하였거나 설치한 유저들과 비슷한 패턴을 가진 유저들을 타겟팅하게 된다.

맞춤 잠재고객 세팅_앱 예시

이렇게 생성한 맞춤 목록들은 '맞춤 관심분야 잠재고객' 항목에서 선택할 수 있다. 생성된 이후에도 언제든지 설정 사항들을 수정할 수 있다.

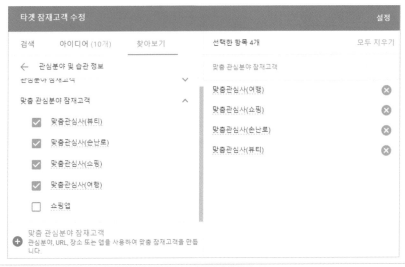

생성된 맞춤 잠재고객 타겟팅

- **시장조사 또는 구매계획 정보**

앞에서 잠시 언급하였듯 '시장조사 또는 구매계획 정보'는 '구매의도'로 불리는 타겟팅 방법이다. 구글 검색엔진을 통하여 관련 카테고리를 검색한 유저를 타겟팅하는 것인데, 검색 포탈을 통하여 관련 정보를 적극적으로 탐색하는 유저들이 상대적으로 확실한 구매 의사가 있다고 보는 것이다. 구매의도 타겟팅을 열어보면 구글이 미리 분류해 놓은 구매의도 잠재고객, 맞춤의도 잠재고객, 경조사가 있다.

구매의도 잠재고객

구매의도 잠재고객은 200가지가 넘는 카테고리로 분류되어 있어 관련 카테고리를 검색한 유저를 쉽게 타겟팅할 수 있다.

구매의도 잠재고객 선택 화면

맞춤 구매의도 잠재고객은 맞춤관심사와 마찬가지로 원하는 카테고리를 직접 생성할 수 있는 기능이다. 하단의 '새 맞춤 의도 잠재고객' 버튼을 클릭하여 생성할 수 있다. 입력하는 내용에는 관련 키워드나 관련 정보가 많은 타 사이트의 URL을 입력하면 된다. 키워드를 입력할 때 최대 입력 개수로는 200개 이하를 권장한다. URL을 입력하면 구글 봇이 해당 페이지의 콘텐츠를 읽은 후 연관된 키워드를 검색하는 유저를 타겟팅한다. 어느 정도 입력하면 오른쪽 회색 화면에서 내가 입력한 정보와 연관된 키워드들을 구글이 추천해준다. 키워드를 추가로 입력할 때 이런 추천 키워드를 활용하면 속도감 있게 타겟팅을 세팅할 수 있다.

맞춤 구매의도 잠재고객 생성

입력을 다 마치고 오른쪽 하단에 '저장' 버튼을 클릭한다. 그러면 다음과 같이 방금 생성된 맞춤 구매의도 타겟팅 목록을 볼 수 있다.

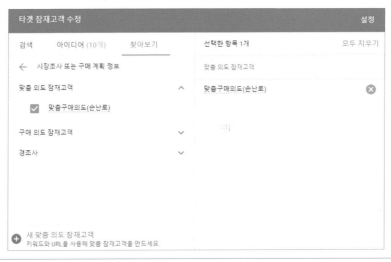

생성된 맞춤 구매의도 잠재고객 타겟팅

- **비즈니스와 상호작용한 방식**

리마케팅과 유사유저 타겟팅을 선택하는 항목이다. '비즈니스와 상호작용한 방식'은 유사 잠재고객, 통합된 목록, 웹사이트 방문자, YouTube 사용자로 카테고리가 나뉜다. 이 타겟팅을 선택하려면 리마케팅 모수를 수집할 수 있도록 웹사이트 내에서의 추가 작업이 필요하다. 구글 리마케팅 태그를 삽입하거나 구글 애널리틱스와 연동하여 구글 애널리틱스에 수집되어 있는 모수들을 가져와 사용할 수 있다. 그 외 유튜브 광고를 진행하는 경우 YouTube 채널과 구글 애즈를 연동하여 해당 채널의 영상을 시청하거나, 채널에 방문한 모수 등을 가져오는 것도 가능하다. 모수가 어느 정도 모이면 리마케팅 목록과 비슷한 패턴을 가진 유저들을 타겟팅할 수 있는, 유사유저 목록이 생긴다. 리마케팅을 사용 방법과 이에 대한 활용 전략은 파트 3에서 자세히 설명하겠다.

3) 인구통계

구글 애즈의 인구통계학적 타겟팅을 사용하면 특정 연령대, 성별, 자녀 유무 또는 가계 소득 범위에 맞는 유저들을 타겟팅할 수 있다. 예를 들어 여성 색조 화장품을 판매하는 경우, 인구 통계 타겟팅을 통해 여성 고객에게만 광고가 노출되도록 할 수 있다.

구글이 인구통계 관련 정보를 파악하는 방법은 사용자가 구글 계정에 로그인하였을 때와 로그인하지 않았을 때로 구분된다. 우선 로그인을 하였을 때에는 처음 계정을 생성하면서 작성한 생년월일 정보를 기반으로 타겟팅한다. 그리고 기존 구글 서비스의 설정 또는 웹 활동에서 입력한 인구통계 정보로도 인구통계 정보가 수집될 수 있다.

구글 계정에 로그인하지 않은 사용자 데이터의 경우, 구글 서비스나 디스플레이 광고로 정보를 수집하는 사이트에서의 활동을 기반으로 인구통계 정보를 추정한다. 가령 유저가 유튜브에 접속해 이용하는 동안 구글은 '쿠키'를 통해 유저가 해당 브라우저에서 방문했던 소비한 콘텐츠를 분석한다. 그리고 이를 바탕으로 특정 인구통계 카테고리와의 연관성을 예측한다. 모바일에서는 쿠키 대신에 ADID나 IDFA와 같이 유저 휴대기기에 연결된 광고 식별자를 사용한다.

인구통계 타겟팅

연령 타겟팅은 최저 만18세부터 설정할 수 있다. 만약 그 이하 연령대를 타겟팅하고 싶다면 '알 수 없음'을 체크하면 된다. '알 수 없음'은 구글이 규정한 연령별 타겟팅 패턴에서 벗어난 쿠키를 타겟팅한다. 그래서 '알 수 없음'이 꼭 그 이하 연령대 유저만 포함을 하는 것은 아니지만 그들을 타겟팅하기 위해서는 어쩔 수 없는 선택이다. 가계 소득은 우리나라를 포함한 일부 국가에서만 사용할 수 있다. 오스트레일리아, 브라질, 홍콩, 인도, 인도네시아, 일본, 멕시코, 뉴질랜드, 한국, 싱가포르, 태국, 미국을 타겟팅하는 경우에만 유효하다.

4) 키워드

키워드 타겟팅은 내가 원하는 키워드를 입력해 놓으면, 구글 디스플레이 광고에서 해당 키워드가 들어가 있는 지면에 광고가 노출되도록 하는 방식이다. 검색광고와 혼동하는 경우가 많은데, 검색광고는 해당 키워드를 검색하였을 때 관련된 검색광고 문안이 상단에 나타나는 광고들을 말한다. 하지만 여기에서 말하는 키워드 타겟팅은 검색했을 때가 아니라, 타겟팅된 키워드가 포함되어 있거나 관련성이 높은 웹사이트의 지면에 광고를 노출한다. 콘텐츠 내용과 종합적으로 매칭을 하기에 광고그룹 하나당 일관된 카테고리의 키워드를 세팅하는 것을 권장한다.

키워드 타겟팅을 세팅하는 방법은 매우 간단하다. 키워드 타겟팅 창을 열고 원하는 키워드를 입력하면 된다. 키워드는 1줄에 1개씩 입력할 수 있다. 타겟팅을 하고 싶은 키워드가 많을 경우엔 이렇게 해보자. 우선 엑셀에 세로 방향으로 키워드를 리스트업 한다. 그 후 키워드를 Ctrl + C, Ctrl + V로 '구글 애즈'에 붙여 넣으면 빠르게 작업할 수 있다.

키워드 타겟팅 세팅

키워드 세팅창 오른쪽을 보면 '키워드 아이디어 얻기' 탭이 있다. 여기에 관련 키워드나 URL을 입력하면 추가 키워드를 추천받을 수 있다.

키워드 아이디어 얻기 기능 사용

키워드 타겟팅을 활용하는 전략은 크게 3가지이다. 첫 번째 방법은 광고하고자 하는 제품 또는 서비스와 관련된 키워드를 활용하는 가장 일반적인 방식이다. 일반적이긴 하지만 우리 제품과 관련된 카테고리의 콘텐츠를 보는 유저들에게 노출되기에 당연히 반응도가 높다.

두 번째는 우리의 타겟이 많이 볼 것 같은 콘텐츠의 키워드를 타겟팅하는 방법이다. 예를 들어 '등산 장비'를 판매한다고 가정하자. '등산 장비' 관련된 키워드만 타겟팅을 하는 경우, 관련 지면이 충분하지 않기 때문에 광고 노출이 많지 못할 가능성이 크다. 그래서 핵심 타겟 팅인 '40~50 연령대의 남녀'가 주로 보는 콘텐츠를 파악하여 그것과 관련된 키워드를 타겟 팅 하는 것이다. 가령 트로트, 뉴스, 요리, 자녀 학업 등이 될 수 있다. 이렇게 범위를 확장하 여 타겟팅을 하는 경우, 핵심 키워드는 아니지만 우리의 타겟 유저에게 광고를 노출하여 성 과를 끌어 올릴 수 있다.

마지막 세 번째 방법은 지금 이슈가 되고 있는 사건과 관련이 있는 키워드를 타겟팅하는 것이다. 예를 들어 네이버에서 특정 키워드가 실시간 검색 1위를 차지하고 있다면 그 키워드를 광고그룹에 추가하여 타겟팅할 수 있다. 현재 이슈가 되고 있는 키워드에 대해 신속하게 대응함으로써 유저들 사이에서 화두인 콘텐츠에 편승을 노리는 전략이다.

5) 게재위치

게재위치 타겟팅은 원하는 지면을 직접 입력하여 해당 지면에 광고를 노출하는 방식이다. 웹사이트, YouTube 채널, YouTube 동영상, 어플리케이션 내 지면들 중 타겟 유저가 많이 방문할 것 같은 지면을 직접 선택할 수 있다.

게재위치 타겟팅

온라인 상의 모든 사이트를 선택할 수 있는 것은 아니다. 해당 페이지 내에 애드센스가 설치된 지면에만 광고가 노출된다. 게재위치를 설정하는 방법으로는 원하는 지면과 관련된 키워드를 검색하여 선택하는 방법과, 해당 페이지의 URL을 직접 입력하는 방법이 있다.

검색창에 '뉴스'라고 입력하면 카테고리별로 선택할 수 있는 관련 웹사이트 및 앱 리스트가 표시된다. 여기에 나타나는 선택지 중 원하는 지면을 골라서 세팅할 수 있다.

게재위치 타겟팅 선택 화면

URL을 직접 입력하는 방법도 간단하게 세팅할 수 있다. 하단에 있는 '여러 게재위치 추가' 버튼을 클릭하고 원하는 지면의 URL을 입력하는 방법을 활용하면 된다. 또한 앱의 경우 검색창에 해당 앱 이름을 직접 입력하면 손쉽게 타겟팅할 수 있다.

게재위치 타겟팅_여러 게재위치 추가

6) 주제

구글은 디스플레이 네트워크의 모든 지면들을 속성에 따라 200개가 넘는 카테고리로 분류해 놓았다. 구글이 이렇게 세분화하여 분류한 지면들 중 우리가 원하는 카테고리를 선택하여 타겟팅하는 것이 주제 타겟팅이다. 주제 타겟팅에서 '뉴스' 카테고리를 선택하면 구글이 알아서 뉴스 카테고리로 지정된 웹 페이지에만 광고를 노출한다.

주제 타겟팅

주제 타겟팅이 런칭되기 이전에는 키워드와 게재위치 타겟팅 밖에 없었다. 그래서 지면을 타겟팅하기 위해서는 각각의 키워드나 URL을 하나하나 입력해야만 하였다. 세팅을 하였다 하더라도 게재위치로 설정해 둔 지면 중 트래픽이 높은 일부 지면에서 이슈가 생기면 광고가 제대로 운영되지 않는 문제도 발생하였다. 하지만 이젠 주제 타겟팅을 통하여 원하는 카테고리의 지면을 한 번에 선택할 수 있게 되었다. 그리고 카테고리를 구글에서 자동으로 관리해 주므로 보다 쉽고 안정적으로 캠페인을 운영할 수 있다.

7) 타겟팅 확장

잠재고객, 인구통계, 키워드 타겟팅 등 광고그룹 단에서 설정한 타겟팅을 기반으로 유사한 타겟들에게 확장하여 광고를 노출시킬 수 있는 부가 기능이다. 예를 들어 뉴스 지면만을 타겟팅한다고 가정해보자. 충분한 노출이 되지 않는 상황이라면 다른 카테고리의 지면을 넣는 방법도 하나의 답이 될 수 있지만, 타겟팅 확장 기능을 통하여 뉴스 지면을 많이 보는 유저들과 비슷한 유저에게로 도달 범위를 넓히는 방법도 있다. 도달 범위를 넓힐수록 얼마나 노출수를 확보할 수 있는지에 대한 예상 수치가 나타난다.

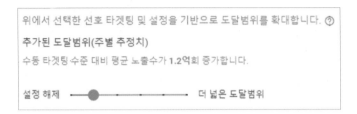

타겟팅 확장

8) 광고그룹 입찰가

광고그룹별로 다르게 입찰가를 설정하는 것은 '수동 CPC' 입찰 전략에서만 가능하다. 그 외 입찰 전략의 경우, 캠페인 단계의 설정 값이 하위 광고그룹단에 그대로 적용된다. 수동 CPC로 입찰가를 세팅할 때에는 광고그룹별로 모바일의 기기 타겟팅은 120~200원으로, PC 타겟팅은 300~400원으로 세팅한 후 추이를 보면서 지속적으로 입찰가를 조정하자.

광고그룹 입찰가 조정

구글 디스플레이 광고의 타겟팅 요약

지금까지 캠페인과 광고그룹까지의 세팅 과정을 하나씩 살펴보았다. 구글 디스플레이 광고에서 가장 중요한 요소 중 하나가 타겟팅이기에 지금까지 설명한 부분에 대해서 종합적으로 정리하고 넘어가자.

구글 디스플레이 광고의 타겟팅은 타겟팅하는 방식에 따라 크게 2가지로 분류된다. 유저를 기반으로 하는 타겟팅 방식과 콘텐츠를 기반으로 하는 타겟팅 방식이다. 유저 기반의 타겟팅은 타겟팅된 유저가 어떤 콘텐츠를 보던 그 유저의 데이터에 기반하여 광고를 노출하는 방식이다. 인구통계 타겟팅, 잠재고객 타겟팅이 여기에 속한다. 콘텐츠 기반의 타겟팅은 어떤 유저가 보든 관계 없이 관련된 콘텐츠를 기준으로 타겟팅을 한다. 여기에는 키워드 타겟팅, 게재위치 타겟팅, 주제 타겟팅이 속해 있다.

구글 디스플레이 광고의 타겟팅

하나의 광고그룹에 꼭 한 가지 타겟팅만 선택할 필요는 없다. 복수 타겟팅을 선택하여 해당 타겟팅들의 교집합 유저만을 타겟팅하는 것도 가능하다. 예를 들어 인구통계 타겟팅에서 25~34세의 연령대를 선택하고 키워드 타겟팅으로 '학교'를 잡았다고 해보자. 그러면 이 연령대의 유저 중 학교에 관련된 키워드를 보는 유저들에게 광고가 노출된다. 기능적으로만 보면 타겟팅을 종류별로 교집합시켜 우리에게 완벽히 맞는 유저에게만 광고를 노출할 수도 있다. 하지만 그렇게 되면 대부분 모수가 굉장히 작아져 광고가 노출되기 어렵다. 따라서 인구통계를 기본 타겟팅으로 잡고 광고그룹별로 추가 타겟팅을 1가지씩만 붙이는 것을 권장한다. (예: '인구통계 + 잠재고객', '인구통계 + 키워드', '인구통계 + 게재위치')

구글 디스플레이 광고의 광고 소재 세팅

이제 디스플레이 광고 세팅의 마지막 단계인 '광고'를 세팅하는 방법을 알아보자. 구글 디스플레이 광고는 일반 이미지형 광고와 반응형 광고로 나뉜다. 이미지형 광고 소재를 업로드하려면 '디스플레이 광고 업로드'를 선택하면 된다.

구글 디스플레이 광고 종류

1) 이미지 광고

이미지 광고는 하나의 이미지로 나타나는 광고 형태이다. 가장 일반적인 배너 광고 형태라고 할 수 있다. 구글의 가이드에 맞게 제작된 소재를 구글 애즈에 업로드하면 바로 등록이 된다. 이미지 형식은 JPG, PNG, GIF 형식으로 업로드하는 것을 권장한다. 이미지 크기 종류는 총 20종류이며 150KB 이내로 제작되어야 한다.

파일 형식

이미지 형식	GIF, JPG, PNG
HTML5 형식	HTML과 선택적으로 CSS, JS, GIF, PNG, JPG, JPEG 또는 SVG가 포함된 ZIP(반응형 또는 일반)
AMPHTML 형식	HTML 문서 1개와 미디어 애셋 최대 39개가 포함된 ZIP 파일
최대 크기	150KB

광고 크기

정사각형 및 직사각형

		리더보드	
200 × 200	작은 정사각형	468 × 60	배너
240 × 400	세로 직사각형	728 × 90	리더보드
250 × 250	사각형	930 × 180	상단 배너
250 × 360	트리플 와이드스크린	970 × 90	큰 리더보드
300 × 250	인라인 직사각형	970 × 250	빌보드
336 × 280	큰 직사각형	980 × 120	파노라마
580 × 400	넷보드		

스카이스크래퍼

		모바일	
120 × 600	스카이스크래퍼	300 × 50	모바일 배너
160 × 600	와이드 스카이스크래퍼	320 × 50	모바일 배너
300 × 600	반 페이지	320 × 100	큰 모바일 배너
300 × 1050	세로		

이미지 광고 크기 및 형식 가이드

한 달 예산이 500만원 이하라면, 구글에 노출이 되는 20개 배너를 모두 만들 필요는 없다. 노출 비중이 높은 8개 소재를 우선적으로 제작하여 운영해도 충분히 예산을 사용할 수 있다. 노출 비중이 높은 소재는 다음 리스트를 참고하자.

모바일형(300*50, 320*50, 320*100), 정사각형 및 직사각형(300*250), 리더보드(468*60, 728*90), 스카이 스크래퍼(120*600, 160*600)

소재를 업로드하였다면, 최종 도착 URL까지 입력한 후 광고그룹에 추가하자. 이 과정까지 끝나면 세팅이 마무리된다.

이미지 광고 랜딩 URL 입력

2) 반응형 광고

반응형 광고는 구글 디스플레이 광고 지면에 맞추어 자동적으로 등록한 소재의 조합이 바뀌는 자동화 광고이다. 이미지와 영상, 키워드 문안 등 조합에 필요한 소재들을 업로드하면 각 지면의 크기에 따라 알아서 조정된다. 광고 형태 또한 한 종류가 아니라, '이미지 광고 형태', '텍스트 광고 형태', '네이티브 광고 형태' 총 3가지 형태로 나뉘어 노출된다. 실제 광고를 세팅할 때에는 적은 양의 소재로도 손쉽게 모든 지면을 커버할 수 있어 캠페인을 준비하는 데 매우 편리하다.

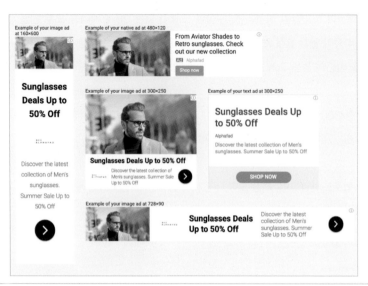

반응형 광고 예시 / 출처 : madmartech.com

　일반 이미지형 광고와 클릭률과 CPC 효율을 비교해 보아도 반응형 광고가 상대적으로 우수한 경우도 많다. 디스플레이 광고를 운영하게 되면 이미지 광고와 함께 꼭 활용해보자.

로고 이미지	최대 5개 권장	
가로 모드 (4:1)	1200 × 300 (최소 크기: 512 × 128), 5MB 이하	
정사각형 (1:1)	1200 × 1200 (최소 크기: 128 × 128), 5MB 이하	
* 이미지 내 텍스트는 이미지의 20%를 넘지 않는 것을 추천. 일부 광고 공간에 맞추기 위해 좌우 최대 5%까지 잘릴 수 있음		

광고 이미지	최대 15개	
가로 모드 (1.91:1)	1200 × 628 (최소 크기: 600 × 314), 5MB 이하	
정사각형 (1:1)	1200 × 1200 (최소 크기: 300 × 300), 5MB 이하	
* 이미지 내 텍스트는 이미지의 20%를 넘지 않는 것을 추천. 일부 광고 공간에 맞추기 위해 좌우 최대 5%까지 잘릴 수 있음		

텍스트	* 짧은 광고 제목, 긴 광고 제목에 "느낌표" 사용 불가 / 모든 텍스트 소재 내 연속된 특수기호 사용불가 ex) *&, ##	
짧은 광고 제목(최대 5개)		/ 30 byte
긴 광고 제목		/ 90 byte
설명(최대 5개)		/ 90 byte
업체명		/ 25 byte
최종도착 URL		
최종모바일 URL		별도 존재할 경우

반응형 광고 가이드

구글 애즈에서 가이드에 맞게 소재를 적용하면 오른쪽에 실시간으로 입력한 소재를 적용한 예시 화면이 나타난다. 나타나는 예시 화면을 확인하면서 의도한 영역에 텍스트나 이미지가 적용되는지 확인하는 것이 좋다. 확인 후, 오른쪽 하단에 '광고그룹에 추가' 버튼을 누르면 세팅이 완료된다.

소재 검수는 최대 24시간이 소요될 수 있다. 간혹 구글에 검수 물량이 많아질 경우에는 검수 시간이 더 길어질 수도 있다. 그렇기에 광고를 진행해야 하는 날짜보다 3일 전에는 구글 애즈에 광고를 업로드해야, 24시간 이내로 검수되지 않을 경우에 대응할 수 있는 여유시간이 생긴다.

반응형 광고 미리보기

구글 애즈 태그를 활용한 전환 및 리마케팅 모수 수집

전환 설정

구글 애즈에서 '전환'이란 이미지 배너 클릭, 동영상 광고 조회와 같이 광고와 상호작용한 고객이 온라인으로 제품을 구매하거나 회원가입을 하는 등 비즈니스에 가치가 있는 액션을 취하였을 때를 의미한다. 구글 애널리틱스의 '목표'가 구글 애즈에서 '전환'과 같다고 이해하면 된다. 디지털 마케팅에서 가장 대표적인 전환은 '구매'이다. 이 밖에도 신규 회원을 모집해야 하는 경우는 '회원가입', 서비스를 판매하는 사이트에서는 '상담신청' 등이 전환이 될 수 있다. 이런 몇몇 전환들은 마케팅의 궁극적인 목표로써 비즈니스 운영에 큰 가치를 지닌다. 반면 이런 구매나 회원가입 같은 직접적인 성과는 아니지만 비즈니스 성과 달성에 간접적인 가치를 가진 행동들이 있다. 예를 들어 제품 상세페이지를 여러 차례 보는 경우나 공유하기 버튼을 눌렀을 경우가 있을 수 있겠다. 이런 행위는 추후에 보다 가치 있는 전환의 전조가 되는 행위이다. 이렇게 작은 전환을 '보조 전환'이라고 한다. 최종 전환의 수가 절대적으로 적은 캠페인 초반에는 이 보조 전환을 주요 지표로 활용하여 광고를 최적화한다.

전환을 설정하기 위해서는 구글 애즈의 오른쪽 상단에 위치한 '도구' 버튼을 클릭한 후 측정 탭에 있는 '전환'을 클릭한다.

전환 설정_전환 버튼 클릭

'전환' 탭에 들어오면 파란색 '+' 버튼을 눌러보자. 버튼을 누르면 다음과 같이 4가지 선택지가 나타나게 된다.

전환 설정_ 전환의 종류

각각의 선택지에 대해 알아보자. '웹사이트'는 웹사이트 내에서 비즈니스에 의미 있는 행동을 파악하고자 할 때 사용된다. '앱'은 Android 또는 iOS 모바일 앱 설치 및 앱 내에서 일어나는 행동을 파악한다. '전화 통화'는 말 그대로 전화를 추적하는 항목 인데, 구글 착신 전화번호가 필요하다. 한국은 구글 착신 전화를 사용할 수 없기 때문에 국내 캠페인에서는 사용하는 경우가 거의 없다. '가져오기'는 구글 애즈 외에 타 솔루션에서 목표로 지정되어 있는 항목을 가져오는 기능이다. 가져오기 내에는 5가지 항목이 있는데 '구글 애널리틱스'를 제일 많이 사용한다. Firebase는 앱 개발 플랫폼이고 Salesforce는 고객 관리 시스템(CRM)이다.

우리는 웹사이트에 대한 전환을 추적할 것이기에 '웹사이트' 버튼을 클릭하자.

카테고리		⌄
전환 이름		⌄
값	각기 다른 값을 사용합니다. 값이 없는 경우 ₩1을(를) 사용합니다.	⌄
횟수	모든 전환	⌄
전환 추적 기간	30일	⌄
조회 후 전환 추적 기간	1일	⌄
'전환'에 포함	예	⌄
기여 분석 모델	마지막 클릭	⌄

전환설정_웹사이트 전환 생성

전환을 생성하기 위해서는 다음과 같이 총 8개의 항목을 입력해야 한다. 항목을 하나씩 살펴보겠다.

1) 카테고리

카테고리는 구매, 리드, 페이지조회, 가입, 기타로 나누어져 있다. 기능적으로는 어떤 것을 선택해도 문제는 없으나, 추후 구글 애즈 전환 보고서에서 지금 선택한 카테고리를 기준으로 보고서가 분류되기 때문에 파악하고자 하는 목표 행동과 비슷한 카테고리의 항목을 선택하면 된다.

전환 카테고리

2) 전환 이름

전환 이름은 추후 데이터 집계가 시작되었을 때 직관적으로 파악할 수 있도록 명명하는 것이 좋다. '구매 완료', '회원 가입' 등을 입력하면 된다.

3) 값

생성할 전환 값에 금전적인 가치를 부여하는 항목이다. 화장품을 판매한다고 가정했을 때, 그 화장품 가격이 10,000원이라면 구매 완료의 전환 값을 '10,000원'이라고 기입하면 된다. '타겟 투자 대비 수익' 입찰 전략으로 캠페인 진행 시, 여기에서 입력한 값을 기반으로 최적화가 되니, 해당 입찰 전략을 사용하려면 꼭 기입하도록 하자. 이 입찰 전략을 사용하지 않고 값도 어떻게 입력해야 할지 몰라 애매한 상황이라면, '이 액션에 가치를 사용하지 않음'을 선택하고 넘어가도 무방하다.

값

4) 횟수

전환을 어떤 형식으로 카운팅할 것인지 선택하는 옵션이다. 구매를 측정한다고 하였을 때, 한 사람이 10개를 사더라도 10개가 구매 전환으로 잡혀야 할 것이다. 이러한 상황이면 '매회'를 클릭한다. 다른 경우로 '상담 문의'를 전환으로 잡아야 하는 상황이라고 가정해보자. 상담이라는 것은 고객 한 사람의 문제가 해결될 때까지 후속 사유로 여러 차례 '상담 문의'를 할 수 있는 업종이다. 만약 모든 문의를 전환으로 집계하게 된다면, 상담 문의가 내부 측정값과 상당히 큰 차이를 보일 것이다. 이때는 전환 횟수를 '1회'로 설정하여 1인당 1회의 전환만 기록되게끔 해야 한다.

횟수

5) 전환 추적 기간

유저가 광고와 '상호작용' 후, 바로 전환까지 일으키지 않은 상황이라고 하자. 그 유저가 며칠 후에 전환을 일으켰다고 했을 때 어느 기간까지를 광고의 영향이라고 인정해 줄지를 설정하는 옵션이다. 광고 클릭 이후 30일 이내에 발생하는 전환을 구글 애즈의 전환으로 기록하려면 '30일'로 설정하면 된다. 만약 전환 추적 기간을 '7일'로 설정하였다면, 광고 클릭 이후 8일째 되는 날 유저가 전환을 완료해도 구글 애즈에는 광고 성과로 카운팅되지 않는다.

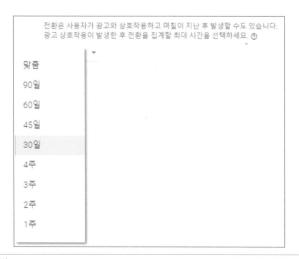

전환 추적 기간 설정

6) 조회 후 전환 추적 기간

상호작용이 아닌 광고에 '노출'된 이후 어느 정도의 기간까지를 전환에 영향을 주었다고 할지 정하는 것이다. 구글 애즈의 보고서 열 중 '조회연결 전환' 값으로 확인이 가능하다.

조회 후 전환 추적 기간 설정

7) '전환'에 포함

'전환'에 포함은 지금 설정하는 전환값이 비즈니스에서의 핵심 행위인지 아닌지를 체크하는 것이다. 추후 캠페인을 운영하면서 '전환'을 극대화시키는 방법 중 하나로 '전환 최적화'라는 옵션을 설정할 수 있다. 캠페인에서 이 옵션을 선택하면, 이 캠페인은 '전환에 포함'

항목이 체크된 전환에 대해서만 최적화를 진행하게 된다. 체크하지 않는다고 하여 데이터를 보지 못하는 것은 아니다. 구글 애즈 보고서에서 체크한 전환값은 '전환수' 항목에 표시되고 체크하지 않은 전환은 '모든 전환' 항목에서 확인할 수 있다. 참고로 '모든 전환'은 '전환수'와 '조회연결 전환수'까지 함께 포함된 수치이다.

구글 애즈 내 '전환수'와 '모든 전환'

그러므로 '구매', '상담 신청'과 같이 궁극적으로 추구하는 전환 값만을 '예'로 체크하고, 보조적으로 수집하고 싶은 전환 값들은 체크하지 않는 것이 좋다.

8) 기여 분석 모델

기여 분석 모델은 고객이 구매에 이르는 전환 경로에서 전환에 대한 기여도를 어떻게 할당할지를 정하는 규칙이다. 검색 및 쇼핑 광고에서만 사용할 수 있다.

설정을 다 마쳤다면 왼쪽 하단에 있는 '설정하고 계속하기' 버튼을 클릭한다. 그러면 태그를 어떻게 설치할지를 물어보는 화면이 나타난다. 여기에서는 태그를 직접 설치할 수 있도록 코드를 발급받는 방법, 이메일로 그 코드를 받아 웹페이지 관리자에게 그대로 전달하는 방법, 구글 태그 관리자를 사용하는 방법, 총 3가지 방법 중 하나를 선택할 수 있다.

구글 전환 태그 설치

먼저 '직접 태그를 설치'를 클릭하게 되면 다음과 같은 구글 전환 사이트 태그를 발급받게 된다.

```
<!-- Global site tag (gtag.js) - Google Ads: 715082520 -->
<script async src="https://www.googletagmanager.com/gtag/js?id=AW-715082520"></script>
<script>
window.dataLayer = window.dataLayer || [];
function gtag(){dataLayer.push(arguments);}
gtag('js', new Date());

gtag('config', 'AW-715082520');
</script>
```

스니펫 다운로드

구글 전환 사이트 태그

발급받은 전환 사이트 태그를 웹사이트의 모든 페이지 〈head〉〈/head〉 태그 사이에 붙여 넣으면 끝난다. 그리고 추가로 스크롤을 내려보면 이 태그를 실행시키는 타이밍을 설정하는 '이벤트 스니펫'이 보인다.

이벤트 스니펫은 전체 사이트 태그와 함께 전환으로 집계할 액션을 추적합니다. 전환수를 페이지 로드 시 추적할지 아니면 클릭 시 추적할지 여부를 선택하세요. ⑦

⦿ 페이지 로드
　고객이 전환을 완료하면 표시되는 페이지에 스니펫을 추가합니다.

○ 클릭
　클릭수를 추적하려는 버튼 또는 링크가 있는 페이지에 스니펫을 추가합니다.

아래의 스니펫을 복사한 후, 추적할 페이지의 〈head〉〈/head〉 태그 사이, 전체 사이트 태그 바로 다음에 붙여넣으세요.

```
<!-- Event snippet for 간다라마 conversion page -->
<script>
gtag('event', 'conversion', {
    'send_to': 'AW-715082520/vPvICObjybsBEJiW_dQC',
    'transaction_id': ''
});
</script>
```

스니펫 다운로드

구글 전환 이벤트 스니펫

페이지 로드, 클릭 중 하나를 선택하여 원하는 타이밍에 스니펫이 작동하도록 세팅하자. 원하는 값을 골랐다면 페이지 하단 '다음' 버튼을 클릭하여 세팅을 마치자.

이메일로 태그를 보내려면, 우선 트리거 형태가 페이지 로드인지, 클릭인지를 선택한다. 그 후 화면 하단에 위치한 이메일 주소 입력란에 담당자 이메일 주소를 입력하고 보내기를 누르면 된다. 이 방법을 통하여 간단하게 웹마스터 담당자에게 태그 삽입을 요청할 수 있다.

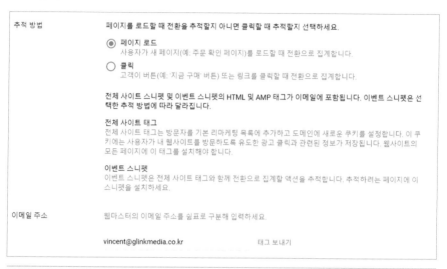

이메일로 태그 보내기

마지막으로 구글 태그 매니저를 통해서 태그를 심는 방법이 있다. 태그 관리자에서 태그를 삽입하기 위해 필요한 부분은 '전환 ID'와 '전환 라벨'이다.

구글 태그 매니저를 사용하여 전환 태그 삽입

이 부분을 인지하고 구글 태그 매니저에 접속해 보자. 지금 발급받은 전환 ID와 라벨을 바탕으로 구글 애즈 전환태그를 만들 것이다. '태그' 메뉴에서 '새로 만들기' 버튼을 클릭한다. 이름을 입력하고 태그 구성에서 'Google Ads 전환추적'을 선택한다.

구글 태그 매니저 내 'Google Ads 전환추적' 태그 선택

선택하면 '전환 ID', '전환 라벨'을 포함한 5가지 입력란이 나타난다. '전환 ID'와 '전환 라벨'을 입력하는 칸에 구글 애즈에서 보았던 값 그대로 복사해 붙여 넣는다. 입력이 완료되었다면 '저장' 버튼을 누른다.

Google Ads 전환추적 태그 입력

그럼 이렇게 생성한 태그에 대해서 언제 이 태그를 작동시킬지를 설정하는 트리거를 매칭하여야 한다. 구글 태그 매니저 파트에서 설명하였던 태그에 트리거를 연결하는 방법과 동일하다. 구글 애즈의 전환 태그가 '구매 완료'라면 구매가 완료된 시점에 해당 태그가 작동하도록 트리거를 세팅하면 된다.

세팅 방법은 이전에 구글 애널리틱스에서 목표 값을 설정했을 때와 비슷하다. 웹사이트에서 구매가 완료되었을 때 나타나는 확인 페이지를 트리거로 잡을 것이다. 해당 페이지가 로드될 때마다 트리거를 작동시켜 '구매 완료'가 카운팅되도록 세팅하면 된다.

세팅을 위하여 트리거 탭으로 들어가 유형에서 '페이지뷰'를 클릭한다.

구글 태그 매니저 '페이지뷰' 트리거

여기서 '일부 페이지뷰' 옵션을 클릭한 후 변수는 'Page URL', '다음으로 시작'을 세팅해 둔다. 그 다음 빈 칸에는 구매 완료 안내페이지의 URL을 입력하면 된다. 구글 애널리틱스에서와 같이 뒤쪽 주문번호는 제외하고 입력하도록 하자.

구글 태그 매니저 페이지뷰 트리거 상세 세팅

트리거 세팅이 완료가 되었다면 저장 버튼을 눌러 설정 사항을 저장한다. '미리 보기'를 통하여 태그가 이상 없이 작동되는지 확인 후, 구글 태그 매니저에서 '제출' 버튼을 클릭하면 세팅이 마무리된다. 구매 완료 태그 외에 '회원 가입'이나 '회사 소개서 다운로드' 등 다른 유저 행동들을 전환으로 잡고 싶다면, 구글 애즈에서 새롭게 전환 태그를 발급받아 지금의 프로세스로 세팅하면 된다.

전환 성과 확인

전환 태그가 제대로 심겨졌다면, 약 하루 정도 지난 후 구글 애즈 전환 탭에서 추적 상태를 확인할 수 있다. '최근 전환 없음' 혹은 '전환 기록 중'으로 표시되어 있다면 정상적으로 태그가 인식되고 있는 것이다. 구글 애즈에서 전환 태그를 제대로 인식하지 못한다면 회색 텍스트로 '확인되지 않음'이라고 나타난다.

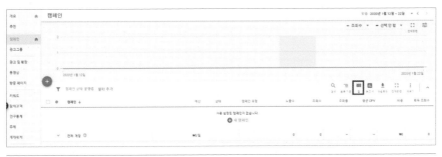

전환태그 생성 완료

집계된 전환 데이터는 '구글 애즈' 대시보드에서 확인할 수 있다. 확인을 위해서는 대시보드 데이터의 '열'에 전환 관련 측정 항목을 추가해야 한다. 캠페인 탭으로 돌아가 왼쪽 메뉴에 위치한 '열' 버튼을 클릭한다.

캠페인 대시보드 내 '열' 버튼 클릭

캠페인 열에는 쉽게 원하는 데이터를 찾을 수 있도록 측정 항목이 유형별로 분류되어있다. 유형 중 '전환' 버튼을 클릭하자. 그리고 나타나는 하위 메뉴들 중 관련된 전환 값들과 연관 데이터를 모두 체크한 후 '저장' 버튼을 누른다.

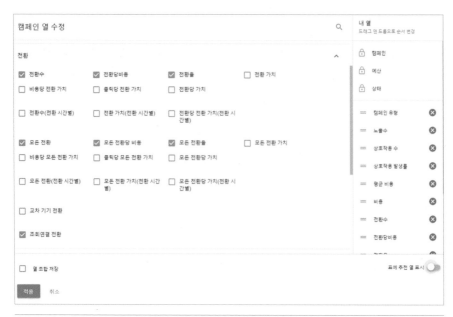

캠페인 열 '전환' 관련 데이터 불러오기

　그러면 관련 데이터를 대시보드에서 한눈에 볼 수 있어, 이에 대한 효율 파악이 용이하다.

구글 애즈 대시보드 전환 데이터 확인

리마케팅 태그 설정

PC나 모바일에서 인터넷을 사용하다 보면 이전에 방문하였던 사이트나 제품에 관련된 광고가 계속 쫓아다니는 것을 경험해 본 적이 있을 것이다. 이렇게 우리 사이트에 방문하였던 사람들에게 다시 마케팅을 하는 방법을 리마케팅(Re-marketing)이라고 한다.

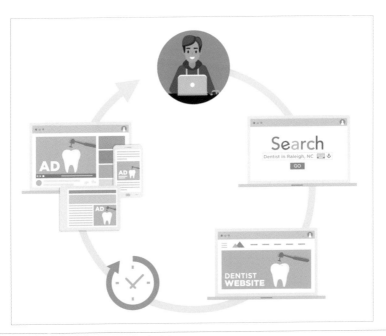

리마케팅의 정의 / 이미지 출처 : www.looktotheright.com

리마케팅 기법은 구글 외에도 다양한 디지털 매체에서 구현할 수 있다. '구글 애즈'에서도 간단한 설정만으로도 리마케팅을 할 수 있으며, 구글 애널리틱스와 연동을 하게 되면 리마케팅 모수를 보다 굉장히 디테일하게 나눌 수 있다. 연동 후의 활용 방안은 파트 3에서 설명하겠다.

그럼 '구글 애즈'에서 리마케팅을 어떻게 세팅할 수 있는지 알아보자. 먼저 구글 애즈 메뉴의 '도구 및 설정'에서 '잠재고객 관리자'를 클릭한다.

잠재고객 관리자 선택

다음에 나타나는 화면에서 오른쪽 상단에 위치한 파란색 '+' 버튼을 누르면 다음과 같은 선택지가 나타난다. 여기에서 우리는 웹사이트에 관련해서 추적할 것이기에 '웹사이트 방문자'를 선택할 것이다. 웹사이트 외에 유튜브나 앱 관련해서 리마케팅 모수를 만들기 위해서는 앱 사용자 혹은 YouTube 사용자 옵션을 선택하면 된다.

잠재고객 관리자 리스트

'웹사이트 방문자'를 선택한 후에도 다양한 설정을 진행해야 한다. 잠재고객 이름은 모으고자 하는 리마케팅 모수가 어떤 유저를 의미하는지 직관적으로 담으면 좋다. 임의로 '페이지 전체 방문자'라고 입력하겠다. 목록 회원은 '페이지 방문자'를 선택한다. '방문한 페이지' 항목에서는 두 가지로 나뉘어질 수 있다. 특정 이벤트 페이지를 방문한 유저를 모으는 입장이라면 웹페이지의 특정 URL을 입력하여야 하고, 전체 유저를 확보하기 위해서는 홈페이지 메인 URL을 입력하면 된다. 지금은 전체 방문자를 모으는 태그를 만들고 있기에 메인 URL을 입력하겠다.

잠재고객 생성

리마케팅 모수는 태그를 삽입한 이후부터 수집이 된다. 하지만 리마케팅 태그 세팅 전에 이미 구글 광고를 진행한 상태라면 '미리 채워진 옵션'을 통하여 30일 전까지 구글 광고와 상호 작용한 유저들을 미리 모수로 확보할 수 있다. 리마케팅 모수는 많으면 많을수록 광고를 진행할 때 최적화를 하기 유리하다. 따라서 특별한 이유가 없다면 '미리 채워진 옵션'을 꼭 선택하도록 하자. 멤버십 기간은 수집된 리마케팅 모수를 보관하는 기간을 뜻한다. 최대 540일까지 보관할 수 있다. 원하는 보관 기간만큼 일수를 입력 후 '잠재고객 만들기' 버튼을 클릭하자. 그리고 잠재고객 목록으로 돌아가면 방금 생성한 목록이 세팅되어 있음을 확인할 수 있다.

잠재고객 목록 확인

그럼 생성한 리마케팅 목록은 확인되었다. 이제 이 목록에 데이터를 넣는 작업을 해야 한다. 리마케팅 태그를 웹페이지에 설치하기 위해 '잠재고객 소스' 메뉴들 중 'Google Ads 태그'를 선택한다.

구글 애즈 태그 설정 선택

그리고 웹사이트 방문자에게 광고를 게재하기 위한다는 옵션을 선택하고 '저장하고 계속하기'를 클릭한다.

웹사이트 방문자 설정 선택

그러면 전환 태그를 심었을 때 보았던 익숙한 화면이 나타난다. '직접 태그 설치'로
태그를 심을 경우 구글에서 제공하는 리마케팅 태그를 〈head〉와 〈/head〉 사이에 붙여
넣으면 된다. 이번엔 이번엔 구글 전환 태그와 다르게 1개의 태그만 설치하면 된다.

리마케팅 태그 직접 설치

이메일로 전송하는 방법은 전환 태그와 동일하니 넘어가겠다. 바로 구글 태그 매니
저를 활용한 리마케팅 태그 삽입법을 알아보자. 'Google 태그 관리자 사용' 메뉴를 선

택하면 숫자로 이루어진 전환 ID가 나타난다. 이번에도 이 전환 ID가 사용될 것이니 잘 기억하고, 우선 완료 버튼을 클릭한다.

구글 리마케팅 태그 전환 ID 확인

본격적인 설치를 위해 구글 태그 매니저로 넘어오자. 태그 메뉴에서 새로 만들기를 누르고 'Google Ads 리마케팅' 태그를 선택한다.

구글 태그 매니저 내 Google Ads 리마케팅 태그 선택

임의로 태그 이름을 입력하고, 아까 보았던 '전환 ID'를 입력한다. 전환 라벨은 선택 사항이니 편하게 입력한 후, 전체 페이지에서 모수를 수집해야 하니 트리거는 모든 페이지로 세팅하자.

구글 태그 매니저 내 리마케팅 태그 세팅

태그 설정을 완료하였다면, 제출 버튼을 눌러 세팅을 마무리하자. 세팅이 잘 되었다면, 세팅 직후부터 리마케팅 모수가 모이기 시작한다. 세팅하고 며칠 지나서 리마케팅 목록을 확인하면 리마케팅 모수가 쌓여 있는 것을 볼 수 있다. 다음 이미지는 실제 모수가 쌓이고 있는 계정의 화면을 캡처한 것이다.

	잠재고객 이름	유형	가입 상태	크기: 검색 ↓	크기:YouTube	크기: 디스플레이	크기: Gmail캠페인
사용 중							
☐	모든사용자_540일모든 사용자	웹사이트 방문자	열기	330,000	330,000	780,000	49,000
☐	3)광고 조회자	YouTube 사용자규칙 기반	열기	89,000	100,000	0크기가 너무 작아광고를 게재할 수없음	28,000
☐	2)영상 조회자	YouTube 사용자규칙 기반	열기	91,000	100,000	0크기가 너무 작아광고를 게재할 수없음	29,000

리마케팅 모수가 쌓이는 화면

지금까지 구글 애즈를 어떻게 세팅하고 각각의 의미가 무엇인지, 전환과 리마케팅을 어떻게 설정하고 확인하는지를 알아보았다. 다음 파트에서는 지금까지 알아본 구글 애널리틱스, 구글 태그 매니저, 구글 애즈의 연동 방법을 살펴보고 이 툴들을 어떻게 통합하여 활용할 수 있는지 알아보겠다.

PART 03

구글 마케팅 툴을 활용한 통합 퍼포먼스 마케팅

▶ 구글 애즈와 구글 애널리틱스 연동
▶ 구글 애널리틱스와 구글 디스플레이
   광고를 활용한 캠페인 사례

구글 애즈와 구글 애널리틱스 연동

구글 애즈와 구글 애널리틱스 연동의 필요성

본격적인 이야기에 앞서 구글 애즈와 구글 애널리틱스를 연동해야 하는 이유부터 이해하고 넘어가자. 구글 애널리틱스는 웹사이트 분석에 특화된 도구이다. 웹페이지에 대해서 아무리 좋은 인사이트를 얻었다고 하더라도 그 이후의 대응에 있어서 애널리틱스 하나만 가지고는 액션을 취할 수 없다. 예를 들어 웹사이트 데이터를 구글 애널리틱스를 통하여 분석해 보았더니, 화장품에 관심이 많은 여성 유저들이 핵심 타겟이라는 결과가 도출되었다고 가정해보자. 이 상황에서 추가적인 행동을 취할 수 있는 것이 구글 애즈이다. 반대의 경우도 있다. 구글 애즈를 통하여 유저가 홈페이지에 유입을 하였다 하더라도 구글 애즈에서는 광고에 대한 반응과 전환 태그에서 받아오는 한정된 데이터만을 얻을 수밖에 없다. 유입된 유저가 웹사이트에서 어떤 행동을 취하였는지 구글 애즈 대시보드만 봐서는 알 수가 없다. 그래서 우리는 분석 툴과 마케팅 툴을 연동하여 종합적인 의사결정을 하여야만 한다.

구글 애널리틱스와 구글 애즈 연동의 필요성

구글 애널리틱스의 '획득' 리포트 중에는 'Google Ads'라는 이름의 리포트가 따로 생성되어 있다. 여기에서 '캠페인'을 들어가보면, 구글 애즈에서 세팅한 계정이나 캠페인별로 리포트를 확인할 수 있다. 특히 캠페인 리포트에서는 유입 이후에 웹사이트에서 발생한 내부 데이터(캠페인별로 유입된 유저수, 이탈률 및 전환율 등)도 한눈에 파악할 수 있다. 만약 구글 애즈에서 캠페인을 세팅할 때, 캠페인을 타겟팅별로 나누었다면 구글 애널리틱스 연동 후 어떤 타겟팅이 웹사이트에서 성과가 좋았는지, 소재별로 나누었다면 어떤 소재가 효과적이었는지도 파악할 수 있다.

구글 애널리틱스 내 Google Ads 데이터

그리고 구글 애널리틱스와 구글 애즈를 동시에 활용하여 구현하는 섬세한 마케팅 기법이 있다. 앞에서 잠깐 언급한 구글 애널리틱스 잠재고객을 활용한 리마케팅이 그것이다. 홈페이지를 방문한 유저에게 다시 광고를 송출하는 것은 어떤 매체에서든 흔하게 사용할 수 있다. 하지만 구글 애널리틱스에서 단계별로 잠재고객을 구성하고, 이렇게 단계별로 구성된 잠재고객에 대해서 차별화된 메시지를 전송하는 것은 '구글 애즈'를 통해서만 가능하다.

구글 애즈와 구글 애널리틱스의 연동 방법

그럼 지금부터 어떻게 두 툴을 연동할 수 있는지 알아보자. 우선 구글 애즈와 구글 애널리틱스의 각 계정에 대해서 '수정을 할 수 있는 권한'이 있어야 한다. 하나의 구글 계정으로 구글 애즈와 구글 애널리틱스를 모두 생성하였다면, 자동으로 각 계정단에서 최상위 권한이 부여되기 때문에 별도로 권한을 부여할 필요가 없다. 그래서 대부분의 조직에서는 회사의 공통 구글 계정을 생성하여 이 계정 정보를 담당자에게 공유하는 형태로 이용한다. 하지만 구글 애널리틱스 때 설명했던 것과 같이 이렇게 하나의 계정을 이용할 경우에는 담당자 변경이나 로그인 정보 해킹 같은 돌발 상황이 일어났을 때, 계정 전체가 마비될 수 있다. 그러므로 이러한 방법보다는 회사용 계정으로 구글 애즈와 구글 애널리틱스를 생성하되, 각 마케팅 담당자의 로그인 이메일 주소로 권한을 부여하는 방법을 추천한다. 그럼 각 툴의 권한 부여 방법과 연동 방법을 순서대로 알아보자.

1) 구글 애널리틱스 '수정' 권한 부여

구글 애널리틱스 접속 후 '관리' 버튼을 클릭한다. 여기에서 '속성' 탭에 위치한 '속성 사용자 관리'를 클릭한다.

구글 애널리틱스 내 속성 사용자 관리

속성 사용자 관리를 클릭하면 계정을 생성한 이메일 주소가 보이는 화면이 나타난다. 여기에서 오른쪽 상단 파란색 '+' 버튼을 클릭하고 '사용자 추가'를 선택한다.

속성 사용자 관리 내 사용자 추가

그럼 초대할 사용자의 '이메일 주소'를 입력하는 창과 함께, 권한을 부여할 수 있는 선택지가 나타난다. 구글 애즈 연동을 권한을 부여하기 위해서는 '수정' 권한이 필요하다. 상황에 맞게 해당 이메일에 권한을 부여하고 오른쪽 상단의 '추가' 버튼을 누른다.

계정에 대한 권한 선택 및 사용자 추가

그러면 초대 요청 메일이 상대방에게 '전송'이 된다. 상대방이 이를 수락하면 해당 메일 계정으로 구글 애널리틱스 계정 속성단에 접근할 수 있다.

사용자가 추가된 모습

2) 구글 애즈 '관리' 권한 부여

구글 애즈로 들어오자. 구글 애널리틱스에 연동할 구글 애즈의 계정으로 접속하여 '도구 및 설정'을 클릭하자. 그리고 메뉴에서 '설정' 탭의 '액세스 및 보안'을 클릭한다.

구글 애즈 내 '계정 엑세스' 버튼 클릭

구글 애널리틱스와 마찬가지로 해당 구글 애즈 계정을 생성한 이메일이 하나 나타난 화면이 보일 것이다. 여기에서도 파란색 '+' 버튼을 클릭한다.

구글 애즈 내 사용자 추가

그러면 초대할 이메일을 입력할 수 있는 창과 함께 권한을 부여할 수 있는 선택지가 나타난다. 가장 오른쪽에 있는 '관리' 권한을 클릭 후 '초대장 보내기' 버튼을 누르면 해당 메일 주소로 초대 메일이 발송된다. 앞에서와 마찬가지로 상대방이 수락을 누르면 바로 계정에 접근할 수 있다.

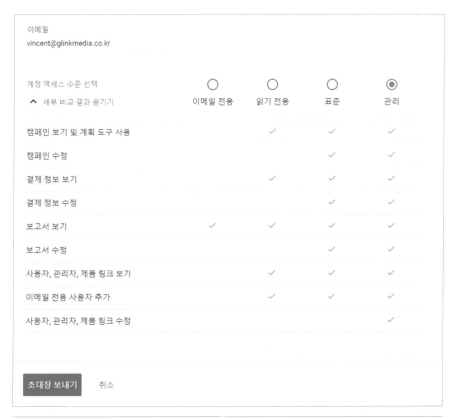

계정에 대한 권한 선택 및 사용자 추가

간혹 Gmail 도메인 계정을 사용하지 않는 이메일 주소를 사용자로 추가하게 될 시 보안상 초대할 수 없다는 안내가 나타나는 경우가 있다. 이럴 때는 '액세스 및 보안'의 '보안'에 들어가서 허용된 도메인의 설정을 해제하면 된다.

구글 애즈 보안 설정 해제

기존 gmail.com 으로 되어 있는 것을 없애고 저장을 누르면 '제한 없음'으로 설정 된다.

구글 애즈 보안 설정 해제 완료

초대장이 보내졌다면, 다음과 같이 '대기 중인 초대' 항목에 초대한 이메일 주소와 응답 여부가 나타나게 된다. 상대방 쪽에서 승인을 하면 사용자 항목으로 해당 이메일 주소가 리스트업 되고, 권한 부여 작업은 마무리된다.

구글 애즈 사용자 초대 후 대기 화면

3) 구글 애널리틱스와 구글 애즈의 연동

두 마케팅 툴을 생성한 계정이나 양쪽에서 동시에 권한을 받은 계정으로 접속하면 두 툴을 연동할 수 있다. 연동을 위해서 다시 구글 애널리틱스로 들어가자. 관리에서 속성 탭을 보면 'Google Ads 연결' 메뉴가 있다.

구글 애널리틱스 내 Google Ads 연결 메뉴 클릭

'Google Ads 연결' 메뉴에 접속하면 '관리' 권한을 할당 받은 구글 애즈의 10자리 CID 번호가 나타난다. 한 로그인 계정으로 여러 개의 구글 애즈 계정의 관리 권한을 받았다면 여러 개의 번호가 나타날 것이다. 연동을 원하는 CID를 체크하고 '계속'을 누르자.

연동할 구글 애즈 계정 선택

그럼 연결 그룹 제목과 어떤 데이터를 공유할지에 대해서 선택하는 화면이 나타난다. 연결 그룹 제목은 임의로 명명하고 전체 웹사이트 데이터에 대한 공유를 설정한다. 필요 시 계정 설정 데이터 공유 항목도 체크한 후, 계정 연결을 클릭한다.

링크 구성 설정

마지막 안내사항을 읽고 '완료'를 클릭하면 다음과 같이 Google Ads 구글 애즈의 연결 그룹 이름이 나타난다. 구글 애널리틱스에서는 이와 같이 구글 애즈를 연동하고 연동 결과를 바로 확인할 수 있다.

연결 그룹 이름	연결된 계정	연결된 보기
계정명	연결된 계정 1개	연결된 보기 1개

구글 애널리틱스 내 구글 애즈 연동 확인

구글 애널리틱스에서 연동된 것을 확인하였다면, 이제는 구글 애즈에서도 연동된 현황을 확인해보자. 다시 구글 애즈에 접속하여 '도구 및 설정'에서 '연결된 계정'을 선택한다.

구글 애즈 내 연결된 계정 클릭

　구글 애즈와 연동이 가능한 다양한 플랫폼들이 나타나는데, 이 중 'Google 애널리틱스'의
'상세보기'를 클릭한다.

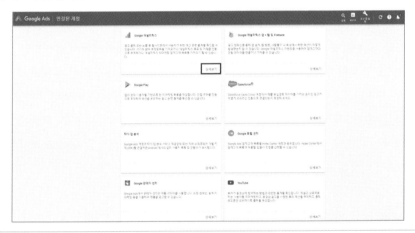

연결된 계정 내 Google 애널리틱스 '상세보기' 클릭

　'상세 보기'를 클릭하면 해당 로그인 계정으로 접근이 가능한 구글 애널리틱스의 계정들이
나타난다. 여기에서 현재 접속한 구글 애즈와 연동되어 있는 구글 애널리틱스의 속성값을 확
인할 수 있다.

	Not linked				링크	
	Not linked				링크	
	연결함	1 view	1	2 lists	링크 해제	비 계정

구글 애즈 내 구글 애널리틱스 연동 확인

　지금까지 구글 애널리틱스와 구글 애즈의 연동 방법, 연동된 것을 각각의 툴에서 확인하는
방법을 알아보았다. 그럼 연동한 두 툴을 활용하여 어떻게 온라인 마케팅에 시너지 효과를
얻을 수 있을지 알아보자.

구글 애널리틱스에서 생성한 전환 목표 가져오기

파트 1에서는 구글 애널리틱스에서 목표를 생성하는 방법을 알아보았다. 구글 애널리틱스와 구글 애즈를 연동하면 여러 가지 데이터를 공유할 수 있다. 그중에서 중요한 데이터 중 하나는 구글 애널리틱스에서 생성한 목표값이다. 전환 데이터를 보는 것은 파트 2에서 언급한 구글 전환태그로도 충분히 가능하다. 하지만 구글 애널리틱스로만 전환을 집계하고자 하는 경우에는 구글 애널리틱스에서 집계하고 있는 목표를 구글 애즈로 가져오는 작업을 해야 한다.

본격적으로 세팅 방법을 설명하기 전에 구글 애널리틱스와 구글 애즈에서 전환 값을 기록하는 기준이 다르다는 것부터 이해해야 한다. 예를 들어 설명해보겠다. '구매 완료'를 목표로 잡는다고 가정하자. 구글 애널리틱스는 웹페이지에서 발생하는 모든 데이터를 분석하는 도구이다. 그래서 어떤 유저가 구글 배너를 통해서 들어와 훑어만 보고 나갔다가 그 다음날 네이버 검색을 통하여 들어와서 구매를 하였다. 이 상황에서 구글 애널리틱스는 전환 값을 어떻게 체크할까? '구매 완료'를 마지막으로 발생시킨 매체는 네이버 검색이므로 구글 애널리틱스에서는 네이버를 통해서 전환이 발생하였다고 기록하게 된다.

하지만 구글 애즈의 전환태그는 오직 구글 광고의 성과를 집계하는 도구이다. 그래서 방금 전과 동일한 상황이 발생해도 구글 애즈는 구글 광고를 통하여 들어왔던 유저가 전환을 발생시켰기 때문에 구글 매체의 전환 성과로 집계한다.

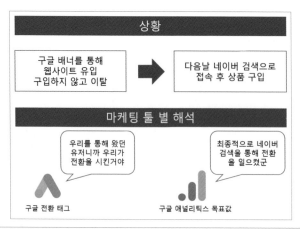

구글 애널리틱스와 구글 애즈의 전환 집계 방식의 차이

참고로 구글 애널리틱스에서는 기여모델을 어떻게 세팅할 것인지에 따라 전환 집계가 달라질 수 있지만, 기본적으로 '마지막 클릭' 기여 모델이 세팅되어 있기에 기본 값을 토대로 설명하였다.

이렇듯 각각의 툴은 각자의 논리대로 전환 데이터를 잡아버린다. 여기에서 무엇이 맞는가에 대해서 정답은 없다. 툴 간의 알고리즘의 차이를 이해하고 데이터를 보아야 비즈니스 의사결정에 보다 정확한 근거를 가져갈 수 있다.

그럼 이제 어떻게 구글 애널리틱스의 전환 값을 구글 애즈로 가져올 수 있는지 알아보자. 구글 애즈에 접속하여 도구 및 설정을 누르고 '전환' 버튼을 클릭한다.

구글 애즈 전환 버튼 클릭

외부에서 전환 값을 가져와야 하므로 그 다음 나타나는 화면에서 가장 오른쪽에 있는 '가져오기' 옵션을 클릭한다. 가져오기 옵션을 클릭하면 다음과 같이 5가지 항목 중 하나를 선택하는 창이 나온다. 우리는 'Google 애널리틱스'의 추적코드를 통하여 전환 값을 받고 있으므로 가장 위에 있는 구글 애널리틱스를 선택하고 계속을 누른다.

가져오기 옵션 클릭

그러면 구글 애널리틱스에서 생성하였던 목표 값에 대한 리스트가 나타나는 것이 보일 것이다. 원하는 목표 값을 선택하고 '가져오기 및 계속' 버튼을 누른다.

구글 애널리틱스의 목표값 선택

버튼을 누르면 애널리틱스의 전환 데이터 가져오기가 완료된다. 그럼 이제 전환 값에 대한 설정 사항을 필요에 맞게 수정하여야 한다. 전환 액션 화면으로 이동하여 구글 애널리틱스에서 가져온 목표 값의 이름을 클릭해보자.

		전환 액션	소스 ↓	카테고리	추적 상태	횟수	클릭연결 전환 추적 기간	조회 후 전환 추적 기간	전환에 포함
☐	●	회원가입 완료 (전체 웹사이트 데이터)	애널리틱스	가입	전환 기록 중	1회	30일	–	아니요
☐	●	결제 완료 (전체 웹사이트 데이터)	애널리틱스	구매	전환 기록 중	1회	30일	–	아니요

전환 설정 변경 1

이전에 전환 액션을 생성할 때 보았던 전환 세팅 화면이 나타날 것이다. 여기에서 수정해야 할 부분이 있다면 '설정 수정'을 클릭하여 '전환'에 대한 포함 여부, 카운팅 횟수 등을 수정할 수 있다. 원하는 대로 세팅이 되었다면 저장을 누르면 된다.

설정	전환 이름	Transactions (전체 웹사이트 데이터)
	카테고리	구매
	값	애널리틱스의 가치 및 통화 사용
	소스 수정할 수 없음	애널리틱스
	Google 애널리틱스의 속성 수정할 수 없음	태열 웹사이트 (UA-111083886-2)
	Google 애널리틱스 보기 수정할 수 없음	전체 웹사이트 데이터
	Google 애널리틱스 유형 수정할 수 없음	거래
	횟수	모든 전환
	전환 추적 기간	30일
	전환에 포함	예
	기여 분석 모델	마지막 클릭
		설정 수정

전환 설정 변경 2

이렇게 외부에서 가져온 전환에 대한 설정 값까지 의도한 대로 세팅되었다면, 구글 애즈에서 퍼포먼스 마케팅을 활용하기 위한 모든 제반 사항의 세팅이 끝난다.

다음 챕터에서는 퍼포먼스 마케팅에서 가장 중요한 요소 중 하나인 리마케팅을 알아볼 것이다. 또한 구글 애널리틱스를 활용하여 어떻게 더 정교하게 타겟팅할 수 있는지에 대해 다룰 것이다.

구글 애널리틱스 내 잠재고객 모수 생성

구글 애널리틱스에서는 웹사이트 안에서 활동하는 유저의 행동 데이터를 바탕으로 다양한 잠재고객으로 분류할 수 있다. 예를 들어 홈페이지 메인 화면만 보고 바로 이탈한 유저, 상품 페이지만 보았던 유저, 장바구니에 넣고 구매를 하지 않은 유저 등 하나의 구매 여정을 다양한 기준으로 세그먼트하여 2차 마케팅에 활용할 모수로 저장해 놓을 수 있다.

이탈	상품탐색	장바구니	결제 페이지	구매반복
홈페이지 방문 후 바로 이탈한 유저	상세페이지에서 일정시간 동안 머문 유저	장바구니에 넣고 결제하지 않은 유저	제품을 구매한 유저	제품을 2회 이상 구매한 유저

구글 애널리틱스 내 구매 여정 단계별 잠재고객 예시

이렇게 단계별로 모수를 구분하여 저장해 놓으면, 추후 다양한 마케팅 A/B 테스트를 통하여 나에게 맞는 마케팅 방법이 무엇인지 파악할 수 있다. 우리 비즈니스에서 전환율이 높은 모수 그룹을 추출하거나, 모수별로 맞춤화된 메시지를 송출하여 우리 기업만 할 수 있는 디지털 전략을 활용할 수 있다. 그럼 지금부터 구글 애널리틱스의 가장 강력한 기능 중 하나인 리마케팅을 알아볼 것이다. 어떻게 잠재고객을 내가 원하는 기준으로 나누어 구분하는지, 이를 구글 애즈에서 어떻게 활용할 수 있는지 함께 알아보자.

잠재고객을 세팅하기 위해서는 먼저 구글 애널리틱스로 접속하여야 한다. 접속 후 '관리' 버튼을 클릭하면 속성 탭 하단에 위치한 '잠재고객 정의'가 있는데, 여기에서 '잠재고객' 항목을 클릭하자.

구글 애널리틱스 잠재고객 클릭

첫 번째 잠재고객을 만드는 항목이 자동으로 나타난다. 파란색 '다음 단계'를 누르면 웹페이지를 방문한 모든 사용자 데이터를 30일 동안 보관하는 잠재고객 모수가 자동적으로 생성된다.

첫 잠재고객 모수 생성

다음 옵션으로 해당 잠재고객 데이터를 어디에서 사용이 가능하게 할지를 설정해야 한다. '+대상 추가'를 클릭하면 연결되어 있는 구글 애널리틱스와 구글 애즈의 리스트가 나타난다. 원하는 전송 대상을 체크하고 '사용 설정'을 누른다.

잠재고객 대상 추가 및 사용 설정

그럼 다음과 같은 화면이 나타나며 첫 잠재고객 생성이 완료된다. 이제 원하는 모수를 생성하기 위해서 다시 '잠재고객 페이지로 돌아가기' 텍스트를 눌러 이전 화면으로 돌아가자.

잠재고객 생성 완료

'+새 잠재고객'을 클릭해보자. 그러면 '잠재고객 지정'에서 어떤 모수를 수집할지 설정할 수 있다. 가운데 잘 보이는 추천 잠재고객은 구글 애널리틱스에서 많이 사용되는 잠재고객 리스트를 보여준다. 추후에 잠재고객을 만들 때 추천 목록을 활용하여 빠르게 잠재고객을 생성할 수 있다. 지금은 상단에 위치한 '새로 만들기'를 클릭하여 생성할 수 있는 전체 기능을 확인해보겠다.

잠재고객 지정

잠재고객 만들기에서는 유형에 따라 총 8가지 카테고리로 나뉜다. 이 메뉴는 앞서 어디서 익숙하게 본 기억이 있을 것이다. 눈치가 빠른 구글 애널리틱스 사용자들이라면 '맞춤 세그먼트' 생성 시 보이는 메뉴와 똑같다는 것을 알아챘을 것이다. 세그먼트 생성과 잠재고객 생성은 동일한 기준으로 유저를 분류한다. 유저를 분류하되 구글 애널리틱스 상에서 인사이트를 도출하는 도구가 '세그먼트'이고, 추후 마케팅에 사용하기 위해 저장해 놓는 것이 '잠재고객 생성'이라고 보면 된다. 그럼 각 카테고리마다 어떤 메뉴들이 있고 각각이 의미하는 것들을 알아보겠다.

잠재고객 만들기 카테고리

1) 인구통계

인구통계 카테고리에서는 구글 애널리틱스 내 인구통계 리포트에서 구분되는 연령, 성별, 언어와 잠재고객 리포트에서 볼 수 있는 관심도 카테고리, 구매 계획 사용자 카테고리, 기타 카테고리를 기준으로 모수를 생성할 수 있다.

인구통계 카테고리 잠재고객 모수 생성

인구통계 관련 선택지는 말 그대로 어떤 연령대와 성별을 가진 유저를 모을 것인지를 지정하는 조건이다. 선택지를 보면 직관적으로 이해가 된다. 그런데 잠재고객 관련 카테고리에서는 어떻게 입력을 해야 할지 난감할 수 있다. 하지만 걱정할 필요 없다. 구글 애널리틱스는 친절하게도 우리 웹사이트에 유입된 유저들의 정보를 이미 자신들만의 항목별로 분류해 놓았다. 그래서 우리가 잠재고객을 생성할 때는 관련 항목들을 직접 입력할 필요 없이 편하게 선택만 하면 된다. 데이터가 수집되고 있는 구글 애널리틱스에서 관심도 카테고리 옆에 보이는 빈 칸을 마우스로 클릭해보자. 그러면 로딩 시간이 잠깐 지난 후, 우리 사이트에 접속한 유저들이 가지고 있는 모든 관심도 카테고리들이 아래로 리스트업이 된다. 우리는 여기에서 필요한 관심도 카테고리를 선택만 하면 된다.

구글 애 리틱스 내 이미 리스트업이 된 관심도 카테고리 선택

원하는 모수 옵션을 선택하고 다음 단계를 누르면 선택지가 정리된 항목이 나타난다. 그리고 옆에 보면 '가입 기간'이라는 항목이 보일 텐데, 지금 세팅할 잠재고객 모수를 얼마나 오래 모아 둘지를 지정하는 옵션이다. 1~540일의 범위 안에서 자유롭게 선택할 수 있다. 원하는 대로 선택을 완료한 후 잠재고객 이름을 입력하고 다음 단계를 누르면 잠재고객 모수가 생성된다.

잠재고객 모수 생성 완료

2) 기술

기술에서는 웹사이트에 접속한 유저의 기기 관련 사양을 기준으로 모수를 구분한다. 선택할 수 있는 옵션은 운영체제, 브라우저, 기기 카테고리(종류), 휴대기기 브랜드 및 모델 등 굉장히 다양하다. '운영체제'는 안드로이드와 iOS 유저를 구별할 때 많이 사용되는 옵션이다. 그 외에도 모바일, 태블릿, 데스크톱으로 유저를 나누어 보는 '기기 카테고리'도 자주 이용된다. 구형 휴대폰을 사용하고 있는 유저를 타겟팅하여 휴대폰 변경 유도를 원한 기업의 경우, 휴대기기 브랜드와 휴대기기 모델을 옵션으로 활용한 사례도 있다.

운영체제 ⑦	다음을 포함: ▾	
운영체제 버전 ⑦	다음을 포함: ▾	
브라우저 ⑦	다음을 포함: ▾	
브라우저 버전 ⑦	다음을 포함: ▾	
화면 해상도 ⑦	다음을 포함: ▾	
기기 카테고리 ⑦	다음을 포함: ▾	
모바일(태블릿 포함) ⑦	☐ Yes ☐ No	
휴대기기 브랜드 ⑦	다음을 포함: ▾	
휴대기기 모델 ⑦	다음을 포함: ▾	

기술 카테고리 잠재고객 모수 생성

3) 행동

행동 카테고리는 웹페이지에서 취한 일련의 활동을 기준으로 모수를 수집하는 방법이다. 이 카테고리에서는 2회 이상 방문한 유저, 마지막 방문일로부터 3일이 지난 유저, 혹은 홈페이지 내에서 5분 이상 체류한 유저의 모수 등을 잠재고객으로 수집할 수 있다.

행동 카테고리 잠재고객 모수 생성

4) 첫 번째 세션 날짜

최초 방문일을 기준으로 유저를 분류하는 카테고리이다. 이벤트를 자주 기획하는 업체에서 사용하는 카테고리이다. 활용 사례를 하나 들어보겠다. 인터넷에서 의류를 판매하는 업체가 1월 한 달 간 특정 상품 할인 이벤트를 진행한다고 하자. 해당 이벤트 기간 때 접속하였던 유저들을 수집하여야 추후 비슷한 상품이 출시되었을 때 2차 마케팅에 활용할 수 있을 것이다. 이럴 때 마케팅 기간을 지정하여 해당일에 접속한 유저의 모수만을 수집해 놓을 수 있다.

첫 번째 세션 날짜 카테고리 잠재고객 모수 생성

5) 트래픽 소스

웹페이지에 접속하게 된 경로를 기준으로 사용자를 분류하는 카테고리이다. 구글 검색을 통해 들어왔는지, 페이스북 같은 SNS를 통하여 들어왔는지 등 유입 소스 기준으로 잠재고객을 모을 수 있다. 캠페인, 매체, 소스, 키워드 4개의 세부 유형으로 유입 경로를 구분할 수 있다.

트래픽 소스 카테고리 잠재고객 모수 생성

'캠페인' 란에는 구글 애즈를 연동시켰을 때, 구글 애즈에서 세팅한 캠페인 이름이 그대로 나타난다. 구글 애즈에서 캠페인 이름을 '1. PC 캠페인'이라고 지었다면 구글 애널리틱스에서 해당 이름을 그대로 가져오게 된다. 그래서 이 기능을 활용하면 특정 캠페인을 통해서 온 유저의 모수들만을 모을 수도 있다.

매체는 유입되는 트래픽의 종류이다. 구글 애널리틱스에서는 배너 광고를 통해 들어온 유저는 CPC, 자연검색을 통해서 접속한 유저는 Organic, URL을 입력하고 바로 들어온 유저는 direct라는 항목으로 명시된다. 이 항목들을 입력하면 원하는 유형의 매체를 통해 들어온 유저 모수를 수집할 수 있다.

소스는 트래픽이 속한 플랫폼이다. 우리 웹사이트에 들어오게 된 유입 경로로 이해하면 편할 것이다. 예를 들어 페이스북을 통해서 들어왔다면 Facebook, 구글 광고를 통하여 들어왔다면 Google, 네이버 검색을 통해 접속하였다면 소스는 Naver가 표시된다.

키워드는 웹사이트에 접속하기 위해서 검색한 단어들이다. 구글에서 원피스를 검색해서 들어왔다면 키워드에 원피스 항목이 나타난다.

6) 향상된 전자상거래

구글 애널리틱스에 전자상거래 데이터가 들어온다면 향상된 전자상거래 카테고리를 활용하여 모수를 확보할 수 있다. 전자상거래 피드에 등록되어 있는 내용을 기반으로 수익, 상품, 제품 카테고리, 브랜드 등으로 유저를 나눌 수 있다.

향상된 전자상거래 카테고리 잠재고객 모수 생성

7) 조건

조건은 지금까지 언급한 다양한 카테고리를 포함하여 구글 애널리틱스에서 제공하는 모든 측정 항목을 활용해서 리마케팅 모수를 수집할 때 사용된다. 기본적으로 나타나는 앞쪽의 '거래 ID'를 클릭해보면 구글 애널리틱스에서 제공하는 측정기준들이 카테고리별로 묶여 있다. 그리고 각 카테고리를 클릭해보면 수많은 측정 항목들이 나타난다. 측정 항목이 너무 방대하기에 어떤 항목들이 있는지 초반에 미리 파악을 해 두고 필요할 때마다 빠르게 검색하는 요령이 필요하다.

조건을 활용한 잠재고객 모수 생성

조건 카테고리에서 많이 활용하는 항목 중 하나는 구글 태그 매니저와 애널리틱스에서 생성한 '이벤트' 관련 항목이다. 파트 1에서는 구글 태그 매니저에서 이벤트 카테고리, 액션, 라벨을 지정하여 이벤트를 설정하는 방법을 설명하였다. 거기에서 명명하였던 각각의 이벤트 이름들을 잡아서 해당 이벤트를 실행하였던 모수들을 수집하는 것이다. 예를 들어 네이버 페이 버튼 클릭에 대해서 이벤트 카테고리를 'Npay', 이벤트 액션을 'click'으로 잡았다면 여기 조건 값에도 이벤트 카테고리와 액션 값을 그대로 입력하여 관련 유저의 모수를 수집할 수 있다.

조건 내 '이벤트' 항목을 활용한 잠재고객 수집

특정 페이지를 방문하였던 유저들에게 2차 마케팅을 하고자 할 때 '방문 페이지'를 측정 항목으로 활용하기도 한다. 이벤트 페이지에 접속하였던 유저들을 모수로 수집하고자 할 때, '방문 페이지' 항목을 선택하고 해당 이벤트 페이지에 대한 URI를 입력하면 된다.

조건 내 '방문 페이지' 항목을 활용한 잠재고객 수집

8) 순서

해당 '조건' 항목에 순서를 더하여 보다 디테일한 모수를 확보하기 위해 사용된다. 특정 조건들을 원하는 순서대로 작동시킨 유저들의 모수를 수집하는 방법이다.

'순서'를 활용한 잠재고객 모수 생성

구글 광고를 통해서 들어와서 이벤트 페이지를 보고 네이버 페이를 통하여 구매한 유저 모수를 확보한다고 해보자. 이럴 때 '순서'에서 각 단계별로 해당 조건 값들을 추가하면 된다. 너무 많은 조건을 순서에 추가하면 조건에 맞는 모수가 많이 모이지 않으니 최대 2단계까지만 세팅하는 것이 좋다.

'순서'를 활용한 잠재고객 생성 예시

잠재고객을 생성하였다면 '저장'을 누르고 잠재고객이 잘 생성되어 있는지 확인한다. 다음과 같이 생성한 잠재고객이 리스트업이 되어 있고, 가장 오른쪽 유형 항목에 구글 애즈와 애널리틱스에 모두 공유되고 있다면 정상적으로 세팅한 것이다.

생성된 잠재고객 확인

그럼 이렇게 생성한 잠재고객을 어떻게 구글 애즈에서 활용할 수 있는지 알아보자.

구글 애즈에서 잠재고객 모수 활용하기

구글 애널리틱스와 구글 애즈가 제대로 연동만 되어 있으면, 특별한 추가 작업 없이 바로 모수를 활용할 수 있다. 우선 모수가 제대로 들어오는지 확인하기 위해서 구글 애즈에서 도구 및 설정을 클릭하고 잠재고객 관리자로 들어가보자.

구글 애즈 내 잠재고객 관리자 접속

그럼 잠재고객 목록에 방금 구글 애널리틱스에서 생성한 잠재고객 모수 리스트가 나타나는 것을 확인할 수 있다.

구글 애즈 내 잠재고객 목록 확인

그럼 구글 애즈에 모수가 들어오는 것은 확인했는데, 이를 어떻게 활용을 해야 하는 것일까? 구글 애즈에서 제공하는 잠재고객 타겟팅을 활용하면 된다. 파트 2에서의 '비즈니스와 상호작용한 방식'이 여기서 사용된다. 캠페인을 생성할 때 광고그룹 단계를 보면 '잠재고객'을 선택할 수 있는 화면이 나타난다. 여기에서 가장 하단에 있는 '비즈니스와 상호작용한 방식'을 선택해 보자.

구글 애즈 리마케팅 유저 세팅 1

    그럼 '통합된 목록'과 '웹사이트 방문자' 두 가지 항목이 나타난다. 여기서 웹사이트 방문자를 클릭하면 우리가 잠재고객 목록에서 보았던 모수 리스트들이 보일 것이다. 여기에서 필요한 항목을 체크하여 구글 애즈 타겟팅으로 활용할 수 있다.

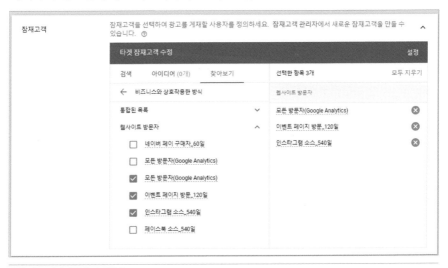

구글 애즈 리마케팅 유저 세팅 2

모수를 활용한 제외 타겟팅도 가능하다. 제외하는 방법은 이미 세팅되어 있는 캠페인 중, 제외 타겟팅을 적용할 항목으로 들어간다. 여기에서 다음 이미지처럼 ❶ 캠페인 선택 후, ❷ 제외 게재위치 및 카테고리를 클릭한다.

구글 애즈 제외 타겟팅 1

마지막으로 ❸ 잠재고객 제외 버튼을 누르면 타겟팅 세팅 시 보였던 화면이 나타난다. 여기에서 제외하고 싶은 타겟팅을 선택하면 된다. 이 기능은 전체 웹사이트 방문자 중에 이벤트 페이지를 방문한 유저나 특정 소스로부터 유입된 유저를 제외하는 등 다양한 유형으로 활용된다.

구글 애즈 제외 타겟팅 2

구글 퍼포먼스 마케팅에서 리마케팅 모수가 중요한 이유는 각각의 모수마다 구글 애즈를 활용하여 차별화된 메시지를 전달할 수 있기 때문이다. 여성 의류 쇼핑몰에서 원피스 페이지를 방문한 유저들에게는 원피스 관련 배너를 보여줄 수 있고, 구두 페이지에서 3분 이상 체류한 고객들에게는 구두와 관련된 배너만 노출할 수 있다. 그리고 제외 타겟팅을 활용하여 장바구니에는 넣었지만 구매하지 않은 유저들에게 할인쿠폰 메세지를 보낼 수 있다. 이렇게 리마케팅과 제외 타겟팅 기법을 동시에 활용하여 다양한 상황에 최적화된 메시지를 송출할 수 있다.

	캠페인	조건	메시지
1	장바구니(3일)	장바구니에 상품등록 후 3일 이내 미구매 고객	장바구니 할인쿠폰
2	방문자 중 1개월 이상 미구매	홈페이지 방문이력은 있으나 1개월 이상 결제이력 없는 고객	장바구니 할인쿠폰
3	1개월 이상 미방문	홈페이지 방문이력은 있으나 최근 1개월 내 방문하지 않은 고객	포인트
4	2개월 이상 미구매 고객	홈페이지 결제이력은 있으나 최근 2개월 이내 미결제 고객	포인트
5	신규고객 확보	홈페이지를 한 번도 방문하지 않은 고객	최초구매 할인쿠폰
6	회원가입(구매1회)	홈페이지 신규회원 중 최초 구매 후 재구매 하지 않은 고객	할인쿠폰
7	고가 카테고리	최근 7일 이내 고가 대카테고리 페이지를 2회 이상 방문한 고객	할인쿠폰
8	특정 카테고리	최근 7일 이내 뷰티 or 여행 등 특정 카테고리 2회 이상 방문 고객	할인쿠폰

구글 애널리틱스 리마케팅 리스트를 활용한 마케팅 조건 예시

지금까지 구글 마케팅 툴들을 활용하여 시너지를 낼 수 있는 방법을 알아보았다. 이제 UTM이라는 태그를 활용해서 퍼포먼스 마케팅을 어떻게 더 고도화할 수 있는지 알아보자.

UTM의 활용

구글 관련해서 이야기를 하다가 갑자기 UTM이라는 생소한 용어가 나와서 의아할 수 있을 것이다. 구글 애널리틱스를 활용하는 디지털 마케터라면 UTM을 활용하는 방법을 꼭 알고 있어야 한다. UTM의 정확한 명칭은 Urchin Tracking Module parameter로 Urchin Software Corporation(USC)라는 회사에서 개발한 코드이다. USC를 잠깐 소개하자면 Urchin이라는 트래킹 툴을 만들고 구글에 인수된 회사이다. 이 회사가 당시 개발한 트래킹 툴이 지금의 구글 애널리틱스의 시초가 되었다.

USC에서 개발한 Urchin 3.0 인터페이스 / 출처 : urchin.biz

그럼 이 회사가 개발한 코드를 왜 사용해야 할까? 내가 원하는 소스와 매체 이름으로 유입 데이터를 지정할 수 있기 때문이다. 기존 구글 애널리틱스에서는 구글 광고를 통해 들어오는 소스/매체 데이터를 모두 google/cpc로 잡는다. 그래서 만약 구글 광고를 통해 소재별로 들어온 유저들의 데이터를 구별해서 소스/매체를 보고자 한다면 UTM을 꼭 사용해야만 한다.

UTM은 광고매체명, 광고 콘텐츠 정보, 키워드 등 마케팅 정보를 구글 애널리틱스로 전달하는 역할을 한다. UTM 사용법은 간단하다. 원하는 랜딩 페이지의 URL 뒤에 설정한 UTM을 붙이면 끝난다. 얼핏 보기에는 다소 복잡한 형태를 지녔는데, 전혀 어렵지 않다. 우선 생김새를 알아보자. 인터넷에서 광고를 클릭하였을 때 본 사람들도 있을 것이다.

UTM 형태

이런 형태가 UTM이 적용된 URL이다. 위 주소에 보이는 '?'은 URL과 UTM을 구분하는 구분자이다. '?'를 기준으로 뒤에 있는 주소가 UTM이다. 그럼 저런 URL은 어떻게 만들 수 있을까? 구글에서 UTM builder라고 검색하면 UTM을 만들어주는 다양한 웹사이트를 쉽게 찾을 수 있다. 여기에서 몇 가지만 입력하면 쉽게 UTM이 적용된 URL을 만들 수 있다. UTM builder를 검색하여 가장 상단에 위치한 구글 사이트에 접속해 보겠다.

UTM builder 검색 시 나타나는 다양한 사이트들

웹사이트에 접속하면 웹사이트의 URL을 입력하라는 창과 함께 UTM 구성 요소들을 입력하라는 창이 나타난다. 여기서 각각의 항목이 의미하는 바를 천천히 알아보자.

구글 개발자 사이트에서 제공하는 UTM builder

1) Campaign Source (필수)

: 어떤 매체를 통해 방문자가 유입이 되는지에 대해 기재한다. 예를 들어 검색엔진, 사이트 이름 등 소스정보를 넣으면 된다. (ex: google, naver, facebook, Instagram 등)

2) Campaign Medium (필수)

: 방문자가 어떻게 사이트를 찾게 되었는지를 입력한다. 일반적으로 어떤 타입의 광고인지를 입력한다. (ex: cpc, display, email)

3) Campaign Name (선택)

: 제품, 프로모션 코드 또는 슬로건 등 유저들이 무엇 때문에 방문을 하게 되었는지에 대한 정보를 입력한다. 선택 입력사항이지만 데이터 유실을 최소화하기 위해 입력하는 것이 좋다. (ex: 10%_coupon, pre_reservation)

4) Campaign Term (선택)

: 키워드나 타겟팅 정보를 작성한다. 검색광고라면 어떤 키워드를 사용했는지가 될 것이고, 배너 광고라면 어떤 타겟팅이 적용된 광고인지를 기재한다. (ex: 2534man targeting, keyword_dress)

5) Campaign Content(선택)

: 어떤 광고인지에 대해서 기재한다. (ex: banner, dynamic_ad)

UTM Builder 사이트에서 위 항목에 맞게 데이터를 입력하면 입력란 하단에 UTM이 적용된 URL이 나타난다. 이 URL 전체를 복사하여 광고 소재의 랜딩 페이지로 활용하자. URL이 너무 길어 보기가 불편하다면 Shorten URL로 바꾸는 것도 가능하니 참고하자.

UTM 적용 URL 예시

생성된 URL을 주소창에 넣고 들어가 보자. UTM이 없는 URL과 동일한 화면이 나타난다. 이와 같이 UTM 태그는 보이는 화면에는 전혀 영향을 미치지 않는다. UTM에 들어가 있는 관련 정보만 구글 애널리틱스로 보내주는 역할을 한다.

그럼 구글 애널리틱스 내 어디서 데이터를 확인할 수 있을까? UTM 데이터를 구글 애널리틱스에서 온전히 확인하기 위해서는 우선 '수동태그 우선 적용' 옵션을 체크해야 한다. 이 옵션을 체크하지 않으면, 추후 광고를 진행할 때 구글의 기본 구분값이 우선시 되어 UTM값이 적용되지 않는 경우가 발생한다. 옵션을 선택하기 위해서는 구글 애널리틱스에서 '관리' 버튼을 클릭한 후 '속성 설정'으로 들어간다. 여기에서 '고급 설정'에 위치한 'Google Ads와 Search Ads 360 연결에서 수동 태그 추가(UTM 값)를 자동 태그 추가(GCLID 값)보다 우선 적용' 항목에 체크하면 된다.

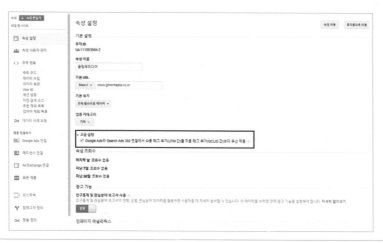

속성 설정 내 수동 태그 우선 적용 옵션 체크

세팅 이후 페이지로 유입되는 데이터를 실시간으로 확인해보기 위해서는 구글 애널리틱스 내 실시간 리포트에서 '트래픽 소스' 리포트로 확인하면 된다. 해당 리포트로 들어가 보면 방금 접속한 UTM으로 입력하였던 데이터가 집계되고 있는 것을 확인할 수 있다.

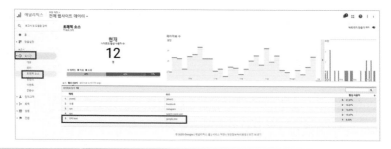

구글 애널리틱스 내 실시간 리포트 확인 1

해당 데이터의 '매체' 항목에 있는 파란색 이름을 클릭하면 campaign name에 입력한 항목도 확인할 수 있다.

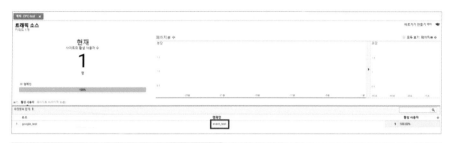

구글 애널리틱스 내 실시간 리포트 확인 2

실시간으로 집계되는 상황 외에 전체적인 데이터를 확인하기 위해서는 구글 애널리틱스 획득 리포트에서 '전체 트래픽' 카테고리에 있는 '소스/매체' 리포트로 들어가면 된다. UTM이 적용된 랜딩을 통하여 유저들이 들어오기 시작하면 추후에 UTM에 넣은 campaign source 이름은 '소스' 항목에, campaign medium은 '매체' 항목 부분에 기재되어 데이터가 쌓이고 있을 것이다.

구글 애널리틱스 내 소스/매체 보고서

소스/매체 보고서는 마케터가 구글 애널리틱스에서 가장 많이 보는 리포트 중 하나이다. 어떤 채널을 통하여 들어온 유저들이 목표하는 성과를 냈는지 직관적으로 확인할 수 있기 때문이다. 이 보고서 내에서 UTM으로 세그먼트한 데이터들의 전환율을 분석하는 것이 마케팅 성과 개선에 중요한 역할을 한다.

구글 애널리틱스와 구글 광고를 활용한 캠페인 사례

　지금까지 각 마케팅 툴들의 사용방법과 연동 과정, UTM 시스템에 대해서 살펴보았다. 이번 챕터에서는 지금까지 배운 내용을 바탕으로 마케팅 툴들이 어떻게 사용되는지 실제 적용 사례를 알아볼 것이다. 사례에 포함된 고객사 이름과 구체적인 성과는 보안상 밝힐 수 없기에 참고가 될 수 있을 정도의 정보만 공유한다.

신규 고객을 집중적으로 확보해야 하는 경우

　처음 함께 볼 사례는 새롭게 런칭한 웹 서비스에 대해서 신규 고객을 대상으로 공격적인 마케팅을 해야 하는 경우이다. 많은 서비스 기업들이 고민하는 문제인데, 구글 애즈를 활용하여 어떻게 풀어갈 수 있는지 알아보자. 먼저 이 캠페인의 포인트는 신규 고객이었다. 기존에 접속하였던 고객도 중요하지만 신규 고객을 우선적으로 우리 웹페이지에 유입시켜야 하는 미션이 있다. 하지만 한 번 들어왔다가 이탈한 유저도 배제할 수 없다. 그래서 구글 애즈 캠페인을 2개로 나누었다. 1번 캠페인은 신규 유저만을 타겟팅하는 라인으로, 2번 캠페인은 랜딩 페이지만 보고 이탈한 유저들을 타겟팅하는 라인으로 세팅하였다.

1번 사례 캠페인 구조

　캠페인을 세팅하기 위해서는 구글 애널리틱스에서 '웹페이지에 접속한 경험이 있는 모든 유저'와 '랜딩 페이지만 보고 바로 이탈한 유저' 두 가지 잠재고객 모수를 먼저 생성하여야 했다. 이를 위해 구글 애널리틱스에서 잠재고객 항목에 들어가서 모수를 세팅했다. 첫 번째 모수는 모든 사용자 잠재고객 생성과 동일하게 진행하였다.

두 번째 모수는 랜딩 페이지만 보고 바로 이탈한 유저만 모아야 했다. 이를 세팅하기 위해 구글 애널리틱스의 잠재고객 내 '조건' 탭을 활용하였다. 여기에서 총 두 가지 조건을 And 조건으로 걸어서 잠재고객을 수집하였다. 하나는 '방문페이지' 항목을 '첫 랜딩 페이지' 조건으로, 나머지 하나는 세션을 하나만 보고 나간 유저를 잡아야 하니 세션 수를 '= 1'조건으로 걸었다. 이 두 가지 조건을 동시에 충족하는 모수를 '이탈 유저 모수'로 명명하고 잠재고객 세팅을 마쳤다.

이탈 유저 리마케팅을 위한 모수 조건 생성

두 가지 모수를 생성한 후, 구글 애즈로 돌아와 각 캠페인 라인별로 타겟팅 적용 후 신규 유저에 힘을 주어야 한다. 따라서 일예산의 90%를 신규 캠페인에 세팅하고, 나머지 10%의 예산만 이탈 유저 리마케팅 라인으로 세팅하였다.

1번 캠페인의 경우, 관련 서비스 관심사를 타겟팅하고 순수한 신규 유저만을 타겟팅하기 위해 구글 애널리틱스에서 생성한 웹페이지 방문자 모수는 제외 타겟팅으로 설정하였다. 2번 캠페인 라인에서는 이탈 유저 모수만 리마케팅으로 타겟팅하여 캠페인을 운영하였다.

구글 애즈에서 세팅한 캠페인 라인

캠페인 운영 결과 캠페인 기간 동안 신규 유저 유입률이 동일 기간 대비 5배 이상 상승하였다. 이후 리마케팅 모수가 점차 쌓이면서 캠페인별 예산 비중을 리마케팅 쪽으로 점점 넓혀 나갔다. 그러자 자연스럽게 서비스 이용률도 상승하여 만족스럽게 캠페인이 마무리되었다.

특정 시즌동안 많은 유저들을 유입시켜야 하는 경우

다음으로 볼 사례는 이벤트 시즌에 최대한 많은 유저를 유입시켜야 하는 캠페인이었다. 구글 애널리틱스는 설치되어 있었지만 전환 값은 따로 측정되고 있지 않는 상황이었다. 그래서 구글 애널리틱스 내 잠재고객 데이터를 토대로 최대한 관심도가 높은 유저 데이터를 추출하였다. 구글 애널리틱스 내 잠재고객의 '관심분야 개요' 리포트에 접속하여 이벤트 페이지에 방문한 적이 있었던 유저들을 세그먼트하였다. 생성 방법은 방문페이지 항목에서 이벤트 페이지의 URI를 입력하면 된다.

이벤트 페이지 방문자 세그먼트

이벤트 페이지를 방문했던 유저들의 공통된 관심사, 구매의도, 주제가 카테고리별로 상위 Top10 리스트로 정리된다. 여기에 나타난 리스트들은 구글 애즈 내에서도 그대로 세팅이 가능하기에 리스트를 확인하고 구글 애즈에서 바로 세팅을 시작하였다.

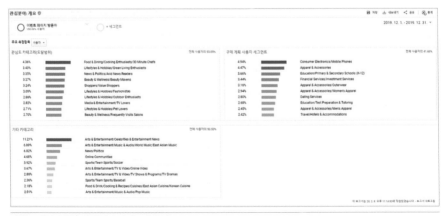

이벤트 페이지 방문자 관심사 카테고리 확인

구글 애즈의 잠재고객 타겟팅에서 보이는 항목들과 구글 애널리틱스 리포트에서 보여지는 잠재고객의 차이점은 사용한 언어뿐이다. 관심사에서 가장 위에 있는 항목을 대표로 대칭을 해보면, 구글 애널리틱스의 'Food&Dining'은 구글 애즈의 '음식& 음식점' 대 카테고리, Cooking Enthusiasts는 '요리 애호가' 중 카테고리, 30 Minute Chefs는 '30분 요리사' 소 카테고리이다. 이와 같이 해당 리스트를 구글 애즈에서 동일하게 세팅할 수 있다.

구글 애널리틱스 잠재고객 관심사 카테고리		구글 애즈 잠재고객 관심사 카테고리	
관심도 카테고리(도달범위)		키워드	
4.31%	Shoppers/Value Shoppers	잠재고객	
3.93%	Technology/Technophiles	음식&음식점 패스트푸드 애호가	관심분야 잠재고객
3.88%	Media & Entertainment/Movie Lovers	잠재고객	라이프스타일 및 취미 야외 스포츠 애호가	관심분야 잠재고객
2.74%	Lifestyles & Hobbies/Green Living Enthusiasts	제외 게재위치 및 카테고리	
2.74%	Media & Entertainment/Music Lovers		라이프스타일 및 취미 친환경 생활 애호가	관심분야 잠재고객
2.55%	Travel/Business Travelers	인구통계	음식&음식점 · 요리 애 30분 요리사	관심분야 잠재고객
2.53%	Media & Entertainment/Light TV Viewers	게재위치	라이프스타일 및 취미 가족 중심	관심분야 잠재고객
2.50%	Lifestyles & Hobbies/Shutterbugs	설정	
2.48%	Travel/Travel Buffs		라이프스타일 및 취미 애완동물 애호가	관심분야 잠재고객
2.46%	Home & Garden/Do-It-Yourselfers	접기	쇼핑객 쇼핑 중독자	관심분야 잠재고객
		주제	라이프스타일 및 취미 패셔니스타	관심분야 잠재고객
		기기	미용 및 웰빙 미용 전문가	관심분야 잠재고객
		고급 입찰가 조정	
		변경 내역	미디어 및 엔터테인먼트 TV 애호가	관심분야 잠재고객

구글 애널리틱스와 동일한 구글 애즈 관심사 카테고리

관심사와 똑같은 방법으로 구매의도, 주제 타겟팅을 잇달아 적용하고 캠페인을 세팅하였다. 이렇게 데이터를 기반으로 신속하게 유의미한 유저들에게만 광고를 노출할 수 있었다.

구매를 고려하는 유저들에게 적극적으로 구매를 이끌어내야 하는 경우

이번 사례의 포인트는 '구매 고려 유저를 어떻게 정의하느냐'이다. 구매를 고려하는 유저는 비즈니스 종류에 따라 다양하게 정의될 수 있다. 그중에서 제품을 판매하는 고객의 사례를 설명하겠다.

구매를 고려하는 유저를 크게 2가지로 구분하였다. 첫 번째는 웹페이지에 3회 이상 접속한 유저, 두 번째는 장바구니에는 넣고 구매는 아직 하지 않은 유저로 나누었다. 그리고 두 가지 타겟팅을 세팅하기 위해서 애널리틱스 잠재고객에서 각각 모수를 생성하였다.

첫 번째 잠재고객 생성을 위해서 구글 애널리틱스 관리 탭에 접속하여 '행동' 카테고리에서 세션수를 3회 이상으로 세팅하였다.

행동 카테고리를 통한 잠재고객 생성

두 번째 모수는 2가지 이상의 조건을 충족시켜야 했다. 장바구니와 구매완료이다. 이 두 가지 값을 잠재고객 생성에 사용하려면 먼저 해당 조건을 적용한 목표를 만들어야 했다. 장바구니를 담았을 때의 URL과 구매를 완료하였을 때의 URL을 도착 조건으로 잡아 각각의 목표를 생성하였다.

필요한 목표 값 생성

　목표가 생성되었다면 잠재고객 내 '조건' 카테고리에서 해당 목표 값의 이름을 그대로 활용할 수 있다. 잠재고객에서 새로 만들기를 누른 후, '조건' 카테고리로 이동한다. 여기에서 필터를 클릭하고 검색창에 '장바구니(생성한 목표의 이름)'를 입력하면 이와 관련한 여러가지 조건들이 나타난다. 이 중 '완료 수'를 선택하면 된다. 세션당 횟수를 1 이상으로 설정하면 장바구니 1회 이상 완료한 유저를 모을 수 있다.

　두 번째 조건을 생성하기 위하여 하단에 '필터 추가'를 클릭한다. '구매완료' 조건은 제외를 해야 하므로 2번째 필터 상단부에 있는 '포함'을 클릭해 '제외'로 바꾸어 준다. 그리고 구매완료에 대한 세션당 횟수를 1회 이상으로 세팅한다.

조건 카테고리에서 제외 기능 활용2

　이와 같은 방법으로 구매 고려 유저로 가정한 잠재고객 모수를 구글 애널리틱스에서 구현하고 그 모수들을 구글 애즈에서 활용할 수 있게 되었다. 구글 애즈에서 이 모수들을 추가하여 타겟팅을 진행한 뒤 자연스럽게 효율이 개선된 경험이 있다.

광고 소재를 A/B 테스트해야 하는 경우

소재를 A/B 테스트하기 위해서는 구글 애즈에서 동일한 조건의 캠페인을 2개를 만들고 각 캠페인별로 소재만 다르게 세팅한다. 그리고 웹사이트 데이터를 수집하기 위해 각 소재별로 다른 UTM을 붙인 URL을 랜딩 페이지로 설정하면 된다.

동일한 캠페인 2개 생성

소재를 등록할 사용할 랜딩 페이지는 UTM builder를 통하여 캠페인 이름으로 소재 명을 구별하여 적용한다.

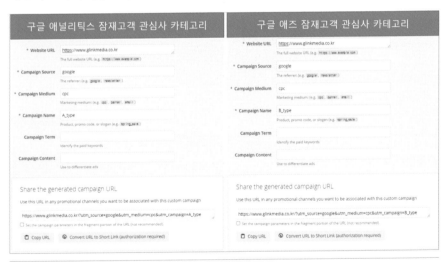

UTM Builder를 통하여 소재별로 다른 Parameter 생성

이와 같은 방법으로 구글 애즈에서 광고 데이터뿐만 아니라 구글 애널리틱스 내 소스/매체 보고서에서 각 광고 소재를 보고 접속한 유저들의 사이트 내 데이터도 함께 수집할 수 있다. 여기서 나오는 데이터를 기반으로 하여 우리 제품 및 서비스에 알맞은 소재 콘셉트를 파악할 수 있다.

네이버 페이 버튼을 클릭한 유저들과 비슷한 유저들을 타겟팅하려는 경우

우리나라에서는 온라인 샵에서 네이버 페이를 통하여 구매를 하는 유저들이 상당하다. 사용하는 데에는 별도로 회원가입을 할 필요가 없는 점, 익숙한 브랜드, 편리한 간편 결제 시스템 등 다양한 이유가 있을 것이다. 다만 구글 애널리틱스에서는 네이버 페이 결제와 같은 타 플랫폼 결제 시스템을 통한 결제완료는 잡아낼 수 없다. 네이버 페이의 입장에서는 자사의 결제 시스템인데 군이 구글의 데이터 추적을 허용할 필요가 없기 때문이다. 그래서 꿩 대신 닭으로 구글 태그 매니저를 이용하고자 한다. 구글 태그 매니저의 이벤트 기능을 활용하여 네이버 페이 버튼을 클릭하는 유저들을 수집한 후, 이 리마케팅 유저의 유사 유저를 타겟팅으로 활용한 사례를 소개하겠다.

일반적인 온라인 쇼핑몰을 운영하던 업체이다. 웹사이트 내 네이버 페이 버튼 클릭을 잡아내기 위해 구글 태그 매니저를 설치하였다. 그리고 미리보기 기능을 통하여 웹페이지에서 네이버 페이 버튼을 어떤 클릭 속성으로 구성하였는지를 먼저 파악하였다.

구글 태그 매니저 미리보기를 통한 네이버 페이 버튼 속성 확인

여기에서 이벤트 태그의 트리거의 변수를 Click Text로 '네이버 페이 구매하기'로 입력하고, 네이버 페이 버튼을 클릭했을 때 Fired 되도록 세팅하였다. 그리고 이 트리거를 각 태그에 매칭시켰다.

구글 태그 매니저 내 트리거로 구성

태그까지 구성하고 몇 일 간 데이터를 수집한 뒤, 구글 애널리틱스에서 잠재고객을 생성하였다. 네이버 Npay를 이벤트로 구성하였으므로, '조건' 카테고리에 접속하여 필터를 '이벤트 카테고리' 및 '이벤트 액션'으로 잡는다. 여기서 입력 값을 태그 매니저에서 세팅한 이벤트 카테고리와 이벤트 액션 이름을 그대로 기입한다.

이벤트 항목을 활용한 잠재고객 생성

잠재고객 생성 이후, 모수 활용을 위하여 구글 애즈에 접속 후 타겟팅을 세팅하였다. 여기서 중요한 것은 리마케팅 유저가 아니라 이들과 유사한 유저들을 타겟팅해야한다는 점이다. 구글 애즈에서 잠재고객 타겟팅을 보면 '비즈니스와 상호작용한 방식' 안에 '유사 잠재고객' 타겟팅이 있다.

　여기에서 생성된 잠재고객과 유사한 패턴을 가진 잠재고객을 선택하여 마케팅에활용할 수 있다. 유사유저 리스트는 구글이 해당 리마케팅 모수의 공통 패턴을 취합할 시간이 필요하다. 그렇기 때문에 일반 리마케팅과는 다르게 생성한 목록이 즉시구글 애즈에 보여지지는 않는다. 잠재고객 조건에 맞는 액션이 많이 발생하면 그만큼구글이 패턴을 빠르게 파악할 수 있어 유사유저 리스트도 빠르게 생성이 된다. 반대로 모수가 적은 상황인 경우에는 생성이 늦어질 수 있는 점도 참고하자. 유사유저 리스트가 구글 애즈에 나타났다면, 이 유사유저를 타겟팅으로 활용하면 된다.

리마케팅 모수의 유사 잠재고객 세팅 방법

　유사유저 모수 사용 이후, 웹사이트 내에서 이탈율이 개선되어 피크 시즌 동안 유사유저만을 대상으로 광고를 노출하였다.

전환율이 높은 유저 데이터를 집중적으로 파악한 경우

마지막으로 함께 볼 사례는 구글 애널리틱스 상에서 전환율이 높은 유저의 데이터를 추출한 후 광고에 적용하였던 사례이다. 이 기업의 주력 판매 제품은 화장품이다. 캠페인을 시작하기 전 구글 애널리틱스에는 이미 데이터가 어느 정도 모인 상태였다. 그래서 타겟팅 설정을 위하여 모여 있는 데이터를 바탕으로 전환율이 높았던 관심사 그룹을 추출하였다.

구글 애널리틱스 내 잠재고객 카테고리 하위에 있는 '관심분야' 리포트를 보면 관심도 카테고리, 구매의도 사용자 세그먼트, 기타 카테고리가 있다. 우선 관심도 카테고리 리포트에 들어와서 구성을 자세히 보자. 리포트 데이터 오른쪽에 작은 아이콘들로 이루어진 메뉴이 있는 것을 찾을 수 있을 것이다. 여기에서 '비교' 버튼을 선택하고 비교하고 싶은 항목을 고르자. 그러면 각 관심사 항목별로 평균보다 성과가 높은 수준인지 낮은 수준인지 한눈에 확인할 수 있다.

구글 애널리틱스 내 관심사별 전환율 데이터 추출

이렇게 각각 관심사, 구매의도, 기타 카테고리 리포트에서 비교 항목을 '전환율'로 설정하고, 수치가 평균보다 10% 이상인 항목들을 추출하였다. 그리고 추출된 항목들을 정리하여 공통점이 있는 항목끼리 묶어 핵심 타겟군을 규정하였다.

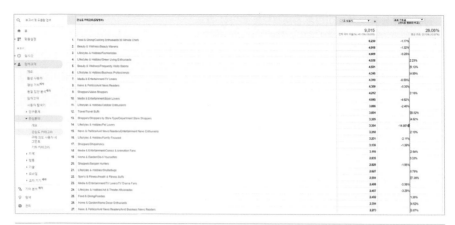

전환율 데이터 추출 후 리스트업

해당 제품의 타겟 유저는 크게 3가지로 구분이 되었다. 첫 번째는 뷰티, 패션 등 본인을 꾸미는 데 관심이 많은 유저, 두 번째는 미디어를 적극적으로 소비하는 유저, 마지막 세 번째는 쇼핑을 활발히 하는 유저였다. 그리고 잠재고객 내 인구통계 카테고리에서 연령 데이터를 보았을 때에도 25~34세의 유저들이 전환율이 압도적으로 높았다. 그리고 기존에 핵심유저로 고려하던 18~24세 연령대의 유저는 평균 전환율보다 9%나 낮은 수치를 보이고 있었다.

잠재고객 내 인구통계 연령 데이터

이렇게 타겟을 규정한 후 구글 애즈에서 이에 맞게 광고를 세팅하였다.

타겟 구분	타겟에 따른 구글 애즈 활용 타겟팅
뷰티, 패션 관심 유저	1. Demo + 뷰티 및 패션 맞춤 관심사 2. Demo + 뷰티 및 패션 관련 키워드를 활용 맞춤 구매의도 타겟팅 3. Demo + 잠재고객에 데이터에 있는 구글 애널리틱스 세그먼트 4. Demo+ 관련 키워드 타겟팅
미디어 소비 유저	1. Demo + 미디어 엔터테인먼트 맞춤 관심사 2. Demo + 엔터테인먼트 키워드를 활용 맞춤 구매의도 타겟팅 3. Demo + 잠재고객에 데이터에 있는 구글 애널리틱스 세그먼트 4. Demo+ 관련 키워드 타겟팅
쇼핑 유저	1. Demo + 쇼핑몰 URL을 활용한 맞춤 관심사 2. Demo + 화장품 쇼핑 키워드를 활용 맞춤 구매의도 타겟팅 3. Demo + 잠재고객에 데이터에 있는 구글 애널리틱스 세그먼트 4. Demo+ 관련 키워드 타겟팅

구글 애즈 내 타겟팅 전략

뷰티 · 패션 맞춤 관심분야의 경우, 화장품과 패션이 다른 분야이기 때문에 맞춤 관심분야를 구분하여 생성하였다. 그리고 광고그룹에 동시에 추가하는 형태로 타겟팅을 적용하였다. 뷰티 맞춤분야는 화장품 관련 키워드와 어플리케이션으로 구성하였다.

잠재고객 이름
뷰티 관련 맞춤 관심분야

설명(선택사항)

관련된 관심분야, URL, 장소 또는 앱을 추가하여 잠재고객을 정의하세요.
타겟팅 품질 및 도달범위가 향상되도록 5개 이상의 관심분야, URL, 장소 또는 앱을 입력하세요.

관심분야 ▼ 예: 열정적인 마라톤 선수, 철인 3종 경기 선수

항목 16개 추가됨

관심분야:

팩 ⊗ 팩 추천 ⊗ 선크림 ⊗ 로션 ⊗ 스킨 ⊗ 클렌징품 ⊗ 뷰티 ⊗ 화장품 추천 ⊗
화장하는법 ⊗ 수분크림 ⊗ 기초화장품 ⊗ 화장품 ⊗

앱:

화해 - 6년 연속 1위 화장품 앱 ⊗
kr.co.company.hwahae: BirdView

롯데 ON - 롯스 Love Health & Beauty Store, LOHB's ⊗
kr.co.lohbs.app.android: LOTTE SHOPPING Co., LTD

올리브영 ⊗
com.oliveyoung: CJ OliveYoung Co., Ltd.

미미박스 - 화장품 콘텐츠 가득한 뷰티 놀이터 ⊗
kr.co.memebox.meme: memebox

구글 애즈 맞춤 관심분야 예시 1

그리고 패션의 경우에는 의류 매장을 자주 방문하는 유저들과 패션 관련 어플리케이션을 설치한 유저를 타겟팅하였다.

구글 애즈 맞춤 관심분야 예시 2

이런 식으로 각 잠재고객에 따라 최적화된 구글 알고리즘으로 대상을 타겟팅하여 광고를 노출시켰고 만족스러운 결과를 얻었다. 정확한 실적을 공개할 수는 없으나 1년 이상 장기적으로 캠페인을 이어가고 있다.

　지금까지 구글의 대표적인 3가지 마케팅 툴인 '구글 애널리틱스', '구글 태그 매니저', '구글 애즈'를 활용하는 방법에 대해 알아보았다.

　현업에 있다 보면, 구글 광고가 복잡하고 어렵다는 이야기를 많이 듣는다. 이 책은 구글 광고를 접하는 마케터들에게 '구글 광고는 어렵다'라는 마음의 벽을 낮출 수 있도록 고민하여 구성하였다. 가능한 실제 업무에서 많이 활용하는 내용들을 쉽게 풀어 넣으려 노력했다.

　페이스북이나 기타 디지털 마케팅 툴들도 구글이 활용하고 있는 디지털 광고 방식과 유사한 점이 많다. 그렇기에 구글 광고의 원리만 제대로 파악해도 전반적인 디지털 광고가 어떤 방식으로 움직이는지 보다 쉽게 이해할 수 있다.

　디지털 마케팅 시장은 지금 이 순간에도 발전을 거듭하고 있다. 이 가이드 북을 통하여 구글 마케팅 툴뿐만 아니라 디지털 광고에 대해 보다 편하게 접근할 수 있기를 기대한다.

찾아보기

저자협의
인지생략

1판 1쇄 인쇄 2020년 4월 20일 1판 1쇄 발행 2020년 4월 25일
1판 2쇄 인쇄 2020년 11월 25일 1판 2쇄 발행 2020년 11월 30일

———

지 은 이 이태열
발 행 인 이미옥
발 행 처 디지털북스
정   가 15,000원
등 록 일 1999년 9월 3일
등록번호 220-90-18139
주   소 (03979) 서울 마포구 성미산로 23길 72 (연남동)
전화번호 (02) 447-3157~8
팩스번호 (02) 447-3159

———

ISBN 978-89-6088-321-5 (03320)
D-20-8

DIGITAL BOOKS
디지털북스